N&K

ARI TURUNEN

KANN MIR BITTE JEMAND DAS WASSER REICHEN?

Eine kurze Geschichte der Arroganz

Aus dem Finnischen
von Gabriele Schrey-Vasara

Nagel & Kimche

Der Verlag dankt dem
finnischen Literaturfonds FILI
für die Förderung der Übersetzung.

Titel der Originalausgabe:
Ettekö te tiedä, kuka minä olen. Ylimielisyyden historiaa.
Verlag Atena Kustannus, Jyväskylä.
© 2010 Ari Turunen

1 2 3 4 5   19 18 17 16 15

© 2015 Nagel & Kimche
im Carl Hanser Verlag München
Herstellung: Andrea Mogwitz und Rainald Schwarz
Satz: Satz für Satz. Barbara Reischmann
Druck und Bindung: CPI – Ebner & Spiegel
ISBN 978-3-312-00671-7
Printed in Germany

MIX
Papier aus verantwortungs-
vollen Quellen
FSC® C083411
FSC
www.fsc.org

KANN MIR BITTE JEMAND DAS WASSER REICHEN?

ZUM GELEIT

HERZLICHEN GLUECKWUNSCH! Dies ist wahrscheinlich das beste Buch, das Sie je aufgeschlagen haben. Es ist verblüffend aktuell, klug und unterhaltsam. Dieses Buch verwandelt einen alltäglichen Abend in eine inspirierende Matinee, die Ihre verknöcherten Vorstellungen von den Kulturen und von der Welt insgesamt ins Wanken bringt.

Wie viele andere bin eigentlich auch ich eingebildet.

Als ich mit sechzehn Jahren meinem Großvater verkündete, ich wisse ziemlich viel vom Leben, war es um seine Liebenswürdigkeit geschehen, und die Zurechtweisung kam so routiniert, wie sie nur ein ehemaliger Kaufmann, Kommunist und angesehener Vorsitzender der Anonymen Alkoholiker von Helsinki erteilen kann: «Junge, du weißt überhaupt nichts vom Leben.» Erfahrung macht klug – oder doch nicht? Habe ich mich im Lauf der Jahre verändert? Unterhalte ich mich vernünftig mit meinen Eltern? Höre ich ihnen zu? Na also. Arroganz fragt nicht nach dem Alter.

Am schwierigsten ist es, die eigene Beschränktheit zu erkennen und vor allem, sie einzugestehen. Ratschläge von anderen Menschen sind ärgerlich. Nur wenige von uns akzeptieren widerspruchslos, was diverse Psychotests über ihre Kreativität und Intelligenz aussagen. Feedback anzunehmen ist ein Problem für Alt und Jung.

Arroganz ist immer eine Fehleinschätzung. Wie viele beurteilen ihre Mitmenschen nur aufgrund ihres Aussehens oder einer anderen einzelnen Eigenschaft? Wie viele ziehen Schlüsse allein aus dem Beruf, der Ausbildung oder der Stellung anderer Menschen? Oder sind sich grundsätzlich zu gut, andere zu grüßen?

Zwar ist der Mensch auf dem Mond gelandet und hat seine Genkarte erforscht, doch unser Umgang miteinander hat sich seit der Zeit, als wir Mammuts jagten, nicht unbedingt verfeinert. Arroganz ist das überflüssigste aller Gefühle. Die Geschichte lehrt, dass Arroganz nie etwas anderes hervorgebracht hat als Kriege, Katastrophen, Hass und eine Unzahl von Misserfolgen, nicht zuletzt für den Arroganten selbst. Dieses Buch widmet sich der Frage, weshalb ein hochmütiges und andere herabsetzendes Verhalten so weit verbreitet ist – und ob man etwas dagegen tun kann.

Im Elfenbeinturm des Topkapi in Istanbul, im April 2010

Ari Turunen

INHALT

EINLEITUNG

Nichts ist gefährlicher für den Menschen,
als im Moment des Erfolgs
der Arroganz anheimzufallen und
sich für gottgleich zu halten.

IM JAHR 10 nach Beginn der Zeitrechnung stellte der römische Ingenieur Julius Sextus Frontinus fest, alle Erfindungen seien längst gemacht, und es sei nichts Neues und Umwerfendes mehr zu erwarten. Wer eine derartige Behauptung aufstellt, muss so unerschütterlich und unwandelbar sein wie das finnische Grundgestein. Würde Julius noch leben, wäre er zweifellos immer noch derselben Meinung. Er würde in seinem Elfenbeinturm über Computer und Nachrichtensatelliten lachen und über den medizinischen Einsatz von Antibiotika verächtlich schnauben.

Viele glauben wie Julius, dass ihre Urteilskraft erstklassig ist und sie ihre Meinung nie zu revidieren brauchen. Bis an unser Lebensende wissen wir, was guter Geschmack, die beste Ausbildung für unsere Kinder oder die richtige politische Partei ist. Besonders nett ist es, solche Überzeugungen Jüngeren mitzuteilen. Wenn andere Menschen das tun, empfinden wir es als nervend, doch der eigene Starrsinn bedeutet natürlich «Charakterfestigkeit».

Auch dieses Buch könnte als arrogant aufgefasst werden. Wer bin ich, in nachträglicher Weisheit die Versuche und Irrtümer anderer zu verurteilen? Überheblichkeit ist eine Eigenschaft, die von Zeit zu Zeit jeden befällt. Es ist arrogant zu behaupten, man wäre nie arrogant gewesen. In den Epen, Mythen und Tragödien vieler Kulturen wurde diese falsche Einstellung schon früh zur Sprache gebracht.

Der dritte Gesang des finnischen Nationalepos *Kalevala* könnte eine Szene beschreiben, wie sie sich in einem von Testosteron triefenden Planungsseminar oder in der Schlange vor einer Imbissbude bei Nacht abspielt, wo sich ein dominierendes Alphamännchen und sein Herausforderer begegnen. Der junge Joukahainen ist neidisch auf Väinämöinen, dem man nachsagt, er singe die besten Lieder und wisse mehr als alle anderen. Joukahainens Eltern warnen ihren Sohn davor, sich mit einem Überlegenen zu messen, doch er schlägt ihre Ratschläge in den Wind. Er behauptet, mehr zu wissen als jeder andere: «Wohl ist gut des Vaters Wissen, besser das noch meiner Mutter, doch mein eignes ist am höchsten.» (Zitiert nach der Übersetzung von Hans und Lore Fromm, Stuttgart: Reclam 1985, S. 16)

Als die beiden Männer sich begegnen, tut Joukahainen, als würde er Väinämöinen nicht kennen. Ein typisches Symptom für Arroganz. Er fordert Väinämöinen zu einem Wissenswettkampf heraus. Als Väinämöinen ihn fragt, was er wisse, beginnt er seine Kenntnisse aufzuzählen. Väinämöinen lächelt über Joukahainens Behauptung, bei der Erschaffung der Welt dabei gewesen zu sein. Joukahainen regt sich darüber auf und fordert den Alten zum Zweikampf heraus. Väinämöinen versucht noch, ihn zu beschwichtigen, doch vergeblich – Joukahainen prahlt, Feiglinge wie Väinämöinen werde er zu Schweinen singen, die man in den Koben wirft. Alles hat seine Grenzen. Väinämöinen gerät über diese Protzigkeit in Zorn, und «Seen wogten, Erde wankte, selbst die Kupferberge bebten, starke Felsenplatten sprangen, Felsen flogen auseinander, Klippen klafften an den Ufern» (ebd., S. 20). Der alte Herr singt Joukahainen in das Moor, und der weinend um Gnade flehende junge Mann kann sich nur retten, indem er Väinämöinen seine Schwester verspricht.

Diese Geschichte aus dem finnischen Sumpfland greift ein uraltes Muster des mythischen Erzählens auf, in dem arrogantes Verhalten die verdiente Strafe nach sich zieht. Die Mythen verschiedener Kulturen sind im Grunde lehrreiche Warnungen vor Eitelkeit, Dummheit, Verlogenheit und vor allem Arroganz. Die antiken Tragödien von Odysseus, der Poseidon, den Gott des Meeres, verflucht, und von Ödipus, der sich an der Macht berauscht, wiederholen ein bekanntes

Schema. Gesundes Selbstvertrauen wächst sich leicht zu krankhafter Überheblichkeit aus. Erfolg speist sich selbst, und viele lassen sich von der eigenen Person in den Bann ziehen, was häufig zur Katastrophe führt. Nach Ansicht der Menschen der Antike gab es nichts Gefährlicheres als im Moment des Erfolgs der *Hybris*, d.h. der Arroganz anheimzufallen und sich für gottgleich zu halten. Dies war ein schamloser Glaube an sich selbst und Rücksichtslosigkeit gegenüber den eigenen Grenzen in einem Universum, über dessen Ordnung die Götter entschieden. Wer an Hybris erkrankt, glaubt sich zu allem fähig. Überschäumendes Selbstvertrauen verleitet ihn zu falschen Deutungen seiner Umwelt und zu Fehleinschätzungen. Schließlich begegnet er zu Recht der Nemesis, der Göttin der Rache.

Die Arroganz interessierte William Shakespeare; viele seiner Stücke sind Tragödien über Zerstörung und Neid, die durch Macht ausgelöst werden. Im Mittelpunkt einer der bekanntesten Tragödien Shakespeares steht ein König im Schottland des 11. Jahrhunderts, der seinem Vetter Duncan die Herrschaft entrissen hatte. *Macbeth* ist die tragische Geschichte eines Königs, der sich von seiner Macht blenden lässt. Macbeth setzt seine Macht skrupellos ein und vertraut niemandem mehr. Die Angst vor Rache treibt ihn zu immer neuen Verbrechen. Schließlich wird er von seinen Untertanen gestürzt.

Die Historikerin Barbara Tuchman nennt vier Verhaltensweisen, die in aller Regel zu Scheidungen, Kündigungen, Kriegen und Katastrophen führen. Die erste ist tyrannisches Benehmen: eine weitverbreitete Unart am Arbeitsplatz und am Esstisch. Die zweite ist maßloser Ehrgeiz. Die dritte ist die durch Macht ausgelöste Dekadenz und Unfähigkeit, die beispielsweise zum Untergang des Römischen Reiches führte. Die vierte ist unnatürlicher Starrsinn: die Neigung zu Handlungen, die den eigenen Interessen zuwiderlaufen.

Warum gibt es immer noch Überfischung, obwohl bekannt ist, dass Thunfisch und Dorsch aussterben? Warum wird der Regenwald abgeholzt, obwohl man die Folgen für das Klima auf der Erde kennt?

In diesem Buch blättere ich in den Annalen der Geschichte und zeige Stellen auf, an denen ein lächerlicher, geringfügiger Anlass Veränderungen ausgelöst hat. Ich suche katastrophale Wendepunkte der Arroganz, Momente, die auf die eine oder andere Weise die Welt verändert haben. Hinter einem solchen Moment kann Geringschätzung, übermäßiges Vertrauen auf die eigene Vortrefflichkeit, kulturelle Überheblichkeit oder durch Monopolstellung verursachte Selbstgefälligkeit stehen. In solchen Situationen werden die Spannungen unerträglich, und eine arrogante Tat oder Bemerkung genügt, um die Konstruktion zum Einsturz zu bringen. Es kommt zur Revolution, die Luft wird gereinigt und die Moral wiederhergestellt – bis zum nächsten Zusammenbruch …

I ZU KOPF GESTIEGEN

In diesem Kapitel wird berichtet,
weshalb Alexander der Große wollte,
dass man sich ihm zu Füßen warf,
wie Großkotzigkeit ein Parlament entstehen ließ
und warum Otto von Bismarck
zwanzig Duelle führte.

ZUKOPFSTEIGEN IST ein chemischer Prozess, der seinen eigenen dramatischen Spannungsbogen aufweist. Alexander der Große eroberte ganz Mittelasien, und das war offensichtlich zu viel für ihn. Bereits in Ägypten hatte er sich zum Sohn des ägyptischen Gottes Amon ausgerufen und seine alten Kampfgenossen zwingen wollen, ihn anzubeten.

Eroberer tun im Allgemeinen, was sie wollen, doch alles hat seine Grenzen. Alexander brannte im Suff die persische Hauptstadt Persepolis nieder und tötete seinen Spitzenmann Kleitos, weil dieser Alexanders Vater Philippos zu überschwänglich gepriesen hatte. Alexander wurde zusehends allergisch gegen jede Art von Vergleich und Kritik.

Alexanders Hofhistoriker Kallisthenes nahm ein ähnliches Ende wie Kleistos. Als Alexander versuchte, die gegenüber den persischen Königen übliche Ehrenbezeugung, die Proskynese, für sich zu fordern, kamen seine Männer zu der Überzeugung, dass er endgültig übergeschnappt sei. Die zu dem Gruß gehörende tiefe Verneigung vor dem König war den mazedonischen und griechischen Kriegern im Innersten zuwider, da sie auf diese Weise nur den Göttern huldigten. Kallisthenes weigerte sich, Alexander wie einen Gott zu grüßen.

Manche stellen sich mit den Göttern auf dieselbe Ebene oder sogar über die Götter. John Lennon erklärte 1966 auf dem Höhepunkt seiner Popularität, der christliche Glaube könne einpacken. Das Christentum werde zerfallen und verschwinden. «Ich habe recht», verkündete er und fügte hinzu, die Zukunft werde seine Auffassung bestätigen. Er beendete seinen Erguss mit dem legendären Satz: «Wir sind jetzt populärer als Jesus.» Die amerikanischen Radiosender leiteten einen Boykott der Beatles-Schallplatten ein und organisierten eine Plattenverbrennung. Es hagelte Morddrohungen. John Lennon entschuldigte sich, doch die Flut der Hassbriefe war dadurch nicht einzudämmen. Bei einem Auftritt in Boston mussten mehr als vierhundert Polizisten und Sicherheitskräfte die Band schützen.

Lennon war ironisch veranlagt, aber seine Äußerung, die Beatles seien beliebter als Gott, ist ein anschauliches Beispiel für den totalen Mangel an Augenmaß, den Erfolg mit sich bringen kann. Dann macht man nur allzu leicht Schnitzer. Auch der finnische Verleger dieses Buches gab nach dem vierten Bier zu, dass er im Anschluss an ein paar Verkaufserfolge eine Reihe schlechter verlegerischer Entscheidungen traf.

Für dieses Phänomen gibt es einen speziellen Begriff: Siegeskrankheit. Er wurde erstmals im Zweiten Weltkrieg verwendet. Die Japaner wurden von dieser Krankheit befallen, nachdem sie 1937 China besiegt hatten. In ihrem Siegestaumel griffen sie 1941 Pearl Harbor an. Danach gewannen die Japaner gegen die Alliierten im Pazifikgebiet und in Südostasien eine Schlacht nach der anderen. Diese Siege ermutigten sie, ihr Sperrgebiet auszudehnen, was die Nachschubversorgung vor immer größere Anforderungen stellte. Die Krankheit erreichte ihren Höhepunkt 1942 in der Schlacht von Midway, in der Japan schwere Verluste erlitt.

Wie der Größenwahn Alexanders des Großen zeigt, ist es oft schwierig, Erfolg seelisch zu bewältigen. Zum Krankheitsbild gehören der übersteigerte Glaube des Patienten an die eigene Bedeutung und die Überzeugung, dass nur wichtige Menschen seine Genialität erkennen. Für den Patienten ist jeder neue Kontakt bis zum Beweis des Gegenteils eine Belastung. Galileo Galilei war nicht unbedingt der Märtyrer der Wissenschaft, als den die Geschichtsschreibung ihn darstellt. Er war ungeduldig und ertrug keine Dummheit in seiner Umgebung. In der Figur des Simplicus in Galileos

Buch über das Sonnensystem glaubte der Papst sich selbst dargestellt zu sehen und wurde zornig, denn in dem Buch stellt Simplicus kindische Fragen, die Galileo mit väterlicher Überlegenheit beantwortet. Der Philosoph Ludwig Wittgenstein empfand Gespräche mit seinen Wiener Kollegen als unerträglich, weil seine Gesprächspartner vulgär seien und sich stillos kleideten. Wenn Wittgenstein bei seinen Mitmenschen Dummheit entdeckte, war er erbost und schrie sie sogar häufig an. Bertrand Russell, der 1950 den Nobelpreis für Literatur erhielt, sagte zu seiner Geliebten, wenn er sich mit gewöhnlichen Menschen unterhalte, habe er das Gefühl, «Babysprache» zu sprechen. Der amerikanische Physiker Murray Gell-Mann, der die Elementarteilchen der Materie, die Quarks, entdeckte, wurde 1969 mit dem Nobelpreis für Physik ausgezeichnet. «Wenn ich weiter blicke als die anderen, so liegt es daran, dass ich von Zwergen umgeben bin», konstatierte Gell-Mann in seiner bescheidenen Art.

Von Snobs sagt man, dass sie sich ihrer armen Mutter schämen. An den britischen Universitäten erhielten nichtadlige Studenten den Vermerk s(ine) nob(ilitate) – ohne Adel. Als sich die Macht des Königshauses im 19. Jahrhundert verringerte, legten die mit Clubjacken ausstaffierten Snobs Wert darauf, weiterhin das höfische Leben nachzuahmen und sich von den Durchschnittsbürgern abzuheben. Überheblichkeit ist oft das Mittel, mit dem sich Aufsteiger in ihrer neuen Umgebung zu verankern suchen. Dann gerät der Anteil glücklicher Zufälle am eigenen Erfolg in Vergessenheit. Man vergisst die alten Freunde und die Herkunft. Dankbarkeit verschwindet wie Tränen im Regen. Man beginnt, die schlimmsten Eigenheiten im Benehmen der Oberschicht nachzuahmen.

Eines der Kennzeichen dafür, dass einem der Erfolg zu Kopf gestiegen ist, sind abgeschmackte Forderungen. Das zeigt sich beispielsweise an den Tour-Ridern, den Forderungslisten von Bühnenkünstlern. Den Anfang machte die Hardrockband Van Halen. Als sie ausreichende Erfolge zu verzeichnen hatte, verlangte sie eine Schüssel M&M-Dragees für die Garderobe, mit der Zusatzbedingung, dass alle braunen Dragees entfernt werden mussten. Im Vertrag wurde eigens festgelegt, dass es im Bühnenbereich kein einziges braunes Dragee geben dürfe, andernfalls könne der Auftritt abgesagt werden. Barry Manilow wiederum forderte eine konstante Raumtemperatur von exakt achtzehn Grad.

Die größte unter den Primadonnen ist Mariah Carey, die mitunter Kaninchen und Katzenjungen in ihrer Garderobe haben will, immer jedoch Evian und Cristal-Champagner mit biegsamen Strohhalmen sowie eine persönliche Assistentin, die sich um alle ihre Belange kümmert. Aufgabe der Assistentin ist es zum Beispiel, die verbrauchten Kaugummis des Stars in den Mülleimer zu werfen. Auf ihrer China-Tournee war Mariah Carey mit vier Wagen unterwegs, in denen sechzig Koffer und dreihundertfünfzig Paar Schuhe verstaut wurden. Einmal schickte sie zwanzig Assistenten aus, damit sie die Toiletten eines Musikgeschäfts neu ausstaffierten, bevor Carey dort ihre Alben signierte – es musste sichergestellt werden, dass das Klopapier pink war.

Für das Wohlergehen der Erde sind die Tour-Rider des Unterhaltungsgeschäfts harmlos. Erheblich gefährlicher ist es, wenn Herrschern die Macht zu Kopf steigt, denn ihre Forderungen sind zerstörerischer als die der Popstars. In regelmäßigen Abständen taucht ein Kerl mit großem Ego auf, der stellvertretend für alle über den Lauf der Welt entscheiden will. Oft hat Gott ihm aufgetragen, etwas Bedeutendes zu tun. 1811 erklärte Napoleon gegenüber einem bayerischen General: «Noch drei Jahre, dann bin ich der Herr über das Universum.»

Robert E. Kaplan zufolge haben von der Macht berauschte

Herrscher wie Napoleon blinde Flecke, nämlich zügellosen Ehrgeiz, unerreichbare Ziele, Arbeitswut und ein Bedürfnis nach Anerkennung, das sie durch die Überbetonung ihrer äußeren Erscheinung unterstreichen. Ein solcher Mensch bauscht seinen eigenen Wert auf, ist arrogant, bevormundet andere und mischt sich in alles ein, statt zu delegieren. Er ist abhängig von Lob und beansprucht den Ruhm für die Leistungen anderer für sich, legt aber den anderen seine eigenen Fehler zur Last. Er ist unverhältnismäßig besorgt um seine Öffentlichkeitswirkung und idealisiert die materiellen Zeichen des Erfolgs. Kritik macht ihn rasend, und er kann seine Fehler und Schwächen nicht zugeben.

Begegnungen mit Egomanen sind oft anstrengend. Man muss ihnen schmeicheln, denn Schweigen könnte als Kritik aufgefasst werden. Nach Ansicht des antiken Philosophen Philodemos ist ein arroganter Mensch immer besorgt um seine Stellung und seine Fähigkeiten. Er kann sich einbilden, wichtiger als andere zu sein, wenn er eine seiner Meinung nach wichtige Arbeit leistet. Oder er ist einfach nur überzeugt, dass seine Fähigkeiten seinen künftigen Erfolg garantieren. Philodemos hielt es für besonders verwerflich, dass solche Menschen andere aufgrund ihres Selbstbildes definieren. Da ein arroganter Mensch nicht bereit ist, zu kooperieren und um Rat zu bitten, trägt er die Last seiner Projekte und Aufgaben allein und kann sie selten verwirklichen.

Philodemos geht noch weiter: Ein arroganter Mensch schätzt seinen eigenen Edelmut übermäßig hoch ein. Da er andere hierarchisch und einseitig behandelt, schädigt er seine persönlichen Beziehungen und zerstört die Struktur seiner Gemeinschaft. Er ist unausgeglichen in seinen Freundschaftsbeziehungen und verhält sich selten zivilisiert oder abwägend. Er will seine Schwächen nicht eingestehen und sich nicht entschuldigen. Ebenso wenig ist er fähig, anderen zu danken, denn er meint, seine Dankbarkeit sei schon dadurch ausgedrückt, dass er die anderen akzeptiert. Er verachtet Philosophen, denn er glaubt, sie könnten ihn nichts lehren. Laut Philodemos verliert der Arrogante schließlich den Verstand, weil er große Risiken eingeht, die viel Mühe und Geld kosten.

Verlust des Verstandes, Undankbarkeit und Selbstgefälligkeit deuten allesamt auf ein und dasselbe hin: Durch den Erfolg hat sich die Persönlichkeit verändert. Tatsächlich kann man das Phänomen des Zukopfsteigens aus der Perspektive der Neurochemie betrachten.

Als Alexander der Große und Napoleon an die Macht kamen, veränderte sich die chemische Struktur ihres Gehirns. Botenstoffe strömten ein: Dopamin und Serotonin. Der gewaltige Regulierungsmechanismus des Gehirns, dessen Netze Signale zwischen zahlreichen Rezeptoren vermitteln, wurde neu aktiviert. Die Nervenzellen setzten Botenstoffe frei, die andere Nervenzellen stimulierten, so dass sich die Impulse im gesamten Nervensystem Alexanders und Napoleons verbreiteten. In ihrem Kopf rauschte es.

Serotonin und Dopamin beeinflussen unsere Stimmung. Ihre Wirkung wird für Antidepressiva genutzt. Dopamin löst Wohlbehagen aus und ist an der Regulierung der Gefühle beteiligt. Es ist zudem eng verknüpft mit Verhaltensmustern, bei denen man unablässig nach Belohnungen strebt. Ein Mangel an Serotonin und Serotoninrezeptoren wiederum kann sogar Selbstmordgedanken auslösen. Bei Personen, die gelobt und respektiert werden, steigt der Serotoninspiegel.

Der Evolutionspsychologe Robert Wright stellte fest, dass die Anführer von Schimpansenhorden mehr Serotonin im Blut haben als die anderen Tiere der Horde. Der Serotoninpegel des führenden Männchens stieg immer dann, wenn der Rest der Horde sein Imponiergehabe miterlebte. Wright begann zu untersuchen, ob Hierarchien auch bei Menschen Einfluss auf den Serotoninpegel haben. Er beobachtete, dass

Macht ausübende Studenten wie die Schimpansen mehr Serotonin ausschütteten als diejenigen, die nicht für andere
entscheiden durften.

Gemeinsam können Serotonin und Dopamin die Voraussetzungen für selbstsicheres Verhalten schaffen. Wenn diese
Stoffe im Nervensystem reichlich vorhanden sind, verrin-
gern sich die Hemmungen gegenüber anderen Personen
ebenso wie Angstgefühle, Beklemmung und Niedergeschla-
genheit. Das Selbstbewusstsein steigt, und der Mensch fühlt
sich energetisch, glücklich und zufrieden.

Die Abhängigkeit von Serotonin und Dopamin ist allen
gemeinsam, die im Vordergrund stehen oder das Leben anderer beeinflussen wollen. Der Verzicht auf die Macht ist für
sie oft unmöglich. Führende Persönlichkeiten, die eine Sucht
nach den Botenstoffen entwickelt haben, sind machttrunken,
und vielen fällt es schwer, in den Alltag zurückzukehren,
wenn die Pensionierung ansteht: Das Bedürfnis, Einfluss zu
nehmen, ist so groß, dass nicht wenige weiterhin einem Vorstand oder Aufsichtsrat angehören wollen oder wenigstens
Leserbriefe verfassen, wenn ihnen keine anderen Mittel der
Einflussnahme mehr bleiben. Auch an den Enkelkindern haben sie keine Freude, wenn ihr Gehirn keine ausreichende
Menge an Botenstoffen bekommt.

Die Ausschüttung von Serotonin und Dopamin verstärkt
das Gefühl der Selbstzufriedenheit. Alles scheint zu gelin-
gen. Man darf Macht ausüben. Man darf sich rächen. Ge-
lingen führt zu größerer Risikobereitschaft und zu trügeri-
scher Selbstsicherheit. Ein klassisches Beispiel hierfür ist
die ehemalige DDR, deren Führungsschicht die Frustra-
tion der Bevölkerung fundamental unterschätzte. Als Egon
Krenz am 7. Mai 1989 vor die Fernsehkameras trat und allen
Ernstes behauptete, seine sozialistische Einheitspartei habe
98,85 Prozent der Stimmen erhalten – bei einer Wahlbeteiligung von 98,77 Prozent –, war das Maß der Ostdeutschen

voll. Dass die Wahlbeteiligung bei knapp unter hundert Prozent gelegen habe, war eine so empörend arrogante Lüge, dass erstmals Hunderte von Bürgern protestierten und eine Überprüfung des Wahlergebnisses forderten. Die Demonstranten trafen sich in den Kirchen und sammelten Namenslisten, die zeigten, dass mindestens zehn Prozent gegen die Regierung gestimmt und weitere zehn Prozent gar nicht gewählt hatten. Aus der Verärgerung entstand eine gewaltige Volksbewegung, die schließlich die Berliner Mauer zum Einsturz brachte. Im Rausch des Erfolgs wachsen die Einsätze, und zu guter Letzt schwindet der Sinn für die Realität. Dann besteht die Gefahr, die Gelegenheit, den Moment zu verpassen.

Im Jahr 1135 starb der englische König Heinrich I. Die überwiegende Mehrheit der englischen Barone unterstützte seine Entscheidung, seine Tochter Matilda als Thronfolgerin einzusetzen, doch Stephan, der Enkel Wilhelms des Eroberers, beschloss, um die Krone zu kämpfen. Matilda schritt zum Angriff und eroberte die westlichen Teile Englands. Dann traf sie in London ein. Die Londoner warteten begeistert auf ihre Krönung. Matilda verlangte jedoch, dass man ihr huldigte wie einer Fürstin. Sie zog als Eroberin im Triumph in die Stadt ein, trug fürstliche Insignien und forderte, dass die hochrangigen Soldaten Londons zum Zeichen der Ehrerbietung ihre Steigbügel küssten. Als eine ihrer ersten Maßnahmen verhängte sie Steuern, womit sie dem Willen ihres Vaters zuwiderhandelte. 1148, nur einige Wochen nach ihrer Ankunft, wurde Matilda aus London verbannt, und die Herrschaft fiel Stephan zu.

Matilda dürfte eine der kurzzeitigsten Regentinnen der Geschichte sein; sie gab sich lange vor ihrer Krönung bereits als Diva, entschied sich also für eine psychologisch falsche Reihenfolge. Matilda hätte für ihren Auftritt einen PR-Berater gebraucht.

Im 17. Jahrhundert verlor Großbritannien durch Arroganz seine Machtstellung im Welthandel. Die Kaufleute machten unglaubliche Renditen von bis zu fünfzig Prozent. Die Britische Ostindien-Kompanie ließ prachtvolle Schiffe bauen, legte dann aber, vom Erfolg aufgeblasen, die grandiosen Schiffsbaupläne auf Eis und ließ der Korruption freien Lauf. Die Ausbildung war mäßig, die Seeleute wurden schlecht behandelt, und Erfahrung wurde geringgeachtet. Die Holländer waren fähig, effizienter und billiger Schiffe zu bauen. Im 17. Jahrhundert machte ein schnelles, wendiges Schiffsmodell namens Flyut die Holländer zu den Königen des Gewürzhandels.

Manchmal verpasst man den Moment, obwohl das Produkt an sich keine Mängel aufweist. Der Kopiergerätehersteller Xerox hatte den Markt seit 1948 beherrscht. Den Höhepunkt des Erfolgs erreichte das Unternehmen 1969 mit einem Umsatz von mehr als einer Milliarde Dollar.

Die Unternehmensleitung war längst vom Erfolg geblendet. Auf einer Aktionärsversammlung prahlten die Geschäftsführer, sie könnten den gesamten informationstechnischen Bedarf der Kunden abdecken. 1971 beschlossen die Xerox-Direktoren, IBM aufzukaufen – ohne Rücksicht auf Warnungen, der Versuch werde Xerox wahrscheinlich zu Fall bringen. Die Firma vergeudete eine Milliarde Dollar, um IBM zu bekommen. Gleichzeitig eröffnete sie ein Forschungszentrum in Palo Alto. Innerhalb von fünf Jahren brach Xerox zusammen.

Während des gescheiterten Kaufversuchs hatten die Forscher von Xerox den ersten PC, die Maus, das Ethernet-Netz, eine graphische Benutzerschnittstelle – den Vorgänger von Windows –, den Flachbildschirm und den Laserdrucker erfunden. Andere, wie Microsoft und Apple, wurden mit diesen Innovationen reich, Xerox nicht.

Immer wieder wird gemahnt, man müsse auf die schwachen Signale der Umwelt hören, aber wer hat so scharfe Ohren, dass er die Signale wahrnimmt? Und wer versteht es, rechtzeitig umzudenken? Eher neigt man bei Erfolg dazu, Demut und Dankbarkeit zu vergessen; an ihre Stelle tritt die Überzeugung, der Erfolg sei einzig und allein eigenes Verdienst und deshalb müssten einem die anderen gebührenden Respekt erweisen.

MOBBER IN DER SCHULE UND AM ARBEITSPLATZ

Am 24. Oktober 2006 ist das Fährschiff Silja Symphony auf dem Weg von Helsinki nach Stockholm. Der schwedische Barkeeper schickt sich an, das Restaurant Atlantis zu schließen. An einem der Tische feiert eine laute Gruppe von Männern. Einer von ihnen, ein Este, geht zum Barkeeper und verlangt, dass das Lokal offen bleibt. Als der Barkeeper ablehnt, schenkt der Este selbst alkoholische Getränke ein. Der Barkeeper versucht ihn daran zu hindern. Daraufhin sagt der Este, er sei der Finanzdirektor der Reederei. Er zeigt auf die gutgekleideten, aber betrunkenen Männer in seiner Gesellschaft und erklärt, ihnen gehöre das Schiff. Dennoch ist der Barkeeper nicht bereit, weiter auszuschenken. Der Este schlägt ihn, seine Brille zerbricht. Die Sicherheitskräfte werden alarmiert, woraufhin die Besitzer ins *Bali*, ein weiteres Schiffsrestaurant, wanken. Die Schließung der Bar fuchst sie allerdings immer noch. Die Direktoren verkünden, das Schiffspersonal gehöre ihnen und die Angestellten hätten zu tun, was die Besitzer von ihnen verlangen. Die Bosse drohen, die Mitarbeiter, die sie «Mägde» nennen, zu entlassen und die Silja, diesen «rostigen Kahn», nach China zu verkaufen.

Als Nächstes marschiert der Trupp zum Tax-free, der bereits geschlossen ist. Die Männer holen den Verkaufsleiter aus seiner Kabine und bestehen darauf, dass er den Laden öffnet. Sie sind wütend, weil der Laden die falschen Zigarren führt, und trinken Kognak zu achthundert Euro direkt aus der Flasche. Am nächsten Morgen kommt die Clique mit Bierdosen zum Frühstück. Ein Toaster fängt Feuer, weil der Geschäftsführer einen Fisch hineinstopft.

Als die Vorfälle an die Öffentlichkeit dringen, spielt der Geschäftsführer der finnischen Niederlassung der estnischen Reederei die Sache mit den Worten herunter, es habe sich um eine normale Kreuzfahrt gehandelt und die Direktoren seien «normal betrunken» gewesen. Die schwedische Gewerkschaft der Besatzung ist empört und fordert eine Entschuldigung. Nach Ansicht des Geschäftsführers besteht dazu kein Anlass.

Am Abend desselben Tages entschuldigt sich der finnische Geschäftsführer. Die estnischen Direktoren schweigen.

Die Schiffsbesitzer hatten sich benommen, wie es Eroberer seit je tun: Verlierer wurden im Lauf der Geschichte stets auf die eine oder andere Weise gedemütigt. So mussten zum Beispiel in Rom zur Zeit der Republik besiegte Könige und ihre Familien gefesselt in der Parade des siegreichen Generals mitziehen.

Robert Sutton zufolge zeigen Untersuchungen, dass Menschen, die in eine Machtposition aufsteigen, mehr sprechen und sich nehmen, was sie wollen. Sie kümmern sich nicht darum, was andere sagen oder wünschen, und es ist ihnen gleichgültig, wie weniger einflussreiche Mitmenschen auf ihr Verhalten reagieren. Wer Macht bekommt, benimmt sich abweisender als zuvor und gewöhnt sich in der Regel an, alle Situationen und Menschen zur Befriedigung seiner eigenen Bedürfnisse zu nutzen. Wen die Macht verblendet, der sieht nicht mehr, wie idiotisch er sich verhält.

Sutton schrieb ein Buch über Personen in der Arbeitswelt, die er Arschlöcher nennt. Die Arschlöcher machen unsere Arbeitsumgebung unzivilisiert. Sutton zufolge braucht niemand schlechtes Benehmen zu tolerieren. Häufig zeichnen sich jedoch gerade Führungskräfte durch schlechte Manieren aus. Sie werden nicht nur besser bezahlt, sondern fordern obendrein ständige Ehrerbietung und Schmeichelei.

Für eine Untersuchung über die Arbeitsbedingungen in der Europäischen Union (*Third European Survey on Working Conditions*) wurden im Jahr 2000 insgesamt 21 500 Arbeitskräfte interviewt. Neun Prozent berichteten, dass sie eingeschüchtert und schikaniert worden waren – meist von Direktoren und Vorgesetzten. Zwei Untersuchungen aus den Jahren 1997 und 2003 ergaben, dass mehr als neunzig Prozent der Krankenschwestern in den USA Schmähungen und Beleidigungen zu hören bekamen. In erster Linie von den Ärzten.

Einer der katastrophalsten Arbeitsplatzmobber war Johann Ohneland. Der Sohn des englischen Königs Heinrich II. und seiner Frau Eleonore von Aquitanien bestieg den Thron 1199 nach dem Tod seines Bruders Richard Löwenherz. Er herrschte über das damals mächtigste Reich Europas. Die unermessliche Macht stieg ihm jedoch zu Kopf, und innerhalb kurzer Zeit wurde er zum Tyrannen. 1204 verlor er die Normandie und erhielt den Beinamen «Ohneland». Danach hielt er sich vorwiegend in England auf und stürzte das Land durch seine zügellose Regentschaft ins Chaos.

Johann hatte alle schlechten Eigenschaften seines Vaters geerbt. Als Kind war er von seinem Vater verzogen und von seinen Brüdern verachtet worden. Eigentlich wurde er nie erwachsen. Er handelte unbesonnen. Als junger Mann unterbrach er zum Entsetzen aller Anwesenden bei der Ostermesse mehrfach die Predigt und forderte den Pfarrer auf, sich kurz zu fassen. Als Neunzehnjähriger erhielt er die Aufgabe, mit Hilfe seiner Verbündeten Irland zu erobern. Bei der Begrüßung durch die Befehlshaber Irlands brachen Johann und seine Männer in Gelächter aus, als sie die Kleidung und die langen Bärte der Iren sahen. Johann zog die irischen Soldaten am Bart und verhöhnte sie. Dann konfiszierte er Ländereien und Schlösser für die Engländer. Innerhalb einer Woche brachte er ganz Irland gegen sich auf.

Johann machte kein Hehl daraus, dass er den englischen Baronen nicht traute. Er ersetzte die örtlichen Sheriffs durch grobschlächtige, ehrgeizige Befehlshaber aus der Normandie, die keine Rücksicht auf lokale Bräuche nahmen. Die Bauern waren natürlich an die königliche Besteuerung gewöhnt, doch die neuen Sheriffs machten sich allgemein verhasst durch ihre arrogante und grausame Art der Steuereintreibung. Philip Marc, der Sheriff von Nottingham und Forstmeister von Sherwood, wurde besonders verabscheut. Die rücksichtslose Herrschaft trieb einen Teil der Bauern zur Flucht in den Wald, und die Geschichten um Robin Hood entstanden.

Die zerstörerischste Eigenschaft Johanns war sein Misstrauen. Wie die meisten machthungrigen Menschen glaubte auch Johann, die anderen seien ebenso machtgierig – und unzuverlässig – wie er selbst. Bei Kämpfen verletzte er seine engsten Gefährten und weigerte sich, Anerkennung zu zollen. Kriegsgefangene behandelte er selbst für die damalige Zeit ungewöhnlich brutal. Überall erregte er Zorn.

William de Briouze, der Richard Löwenherz als Waffenträger treu gedient hatte, genoss anfangs auch Johanns Gunst. Er hatte sich bei den Kämpfen in der Normandie als zuverlässiger und würdiger Soldat erwiesen und Johanns Neffen Arthur, den Johann als Konkurrenten betrachtete, gefangen genommen. Doch William war dem Zentrum der Macht zu nah. Man munkelte, er wisse etwas über Arthurs Tod – der alle erschütterte. Johann stand im Verdacht, er habe seinen Neffen ermorden lassen. Im Jahr 1208 beschloss Johann zu handeln. Eine beliebte Methode, die Barone in Schach zu halten, bestand darin, ihre Kinder als Geiseln zu fordern. Als die Männer des Königs in Williams Burg eintrafen, weigerte sich Williams Frau Maud, einem «König, der seinen eigenen Neffen ermordet hat», ihre Kinder auszuliefern. Zwei Jahre lang wurden Williams Ländereien verwüstet, und Maud und ihr ältester Sohn verhungerten. William starb 1211 im Exil in Frankreich. Der offizielle Grund für die Übergriffe war, dass William Johann Geld schuldete. Allerdings hätte William, wie Geoffrey Hindley ausgerechnet hat, angesichts der Zinsforderungen Johanns bis 1917 gebraucht, um seine Schuld abzuzahlen!

William war einer der einflussreichsten Barone Englands gewesen, aber auch er war nicht vor Johanns Willkür geschützt. Johann traute nur denjenigen, die völlig abhängig von ihm waren.

Als Johann bei dem Versuch scheiterte, seine französischen Territorien zurückzuerobern, sah er immer noch nicht in den Spiegel, sondern erhob weiterhin eine hohe Kriegssteuer. Da war das Maß der Barone voll, und England rebellierte.

Am 15. Juni 1215 traf Johann in Runnymede am Ufer der Themse mit den aufständischen Baronen zusammen und musste den «Großen Brief», die *Magna Charta*, unterschreiben. Es handelte sich um ein 63 Punkte umfassendes Dokument, das die Traditionen der politischen Macht veränderte. Die Magna Charta wurde zu einer Art Grundgesetz, das die Rechte des Königs festlegte. Die Charta proklamiert, dass kein freier Mann verhaftet oder des Landes verwiesen werden darf, sofern das Gesetz dafür keine Handhabe bietet. Bedeutsam war auch Satz 40, in dem es heißt, niemand könne Rechte kaufen oder aberkennen. Wenn der König seine Einnahmen erhöhen wollte, musste er seine Vasallen zur Beratung einberufen. Diese Beratungen setzten die konstitutionelle Entwicklung in England in Gang. Die Bestimmungen der Magna Charta sollten verhindern, dass der König seine Position als oberster Gerichtsherr zur persönlichen Bereicherung nutzte. Der Staatshaushalt wurde von nun an rationaler geführt. Sehr schnell wurde die Magna Charta zum Symbol gegen jede Unterdrückung.

Das weltweit älteste Dokument über Machtbefugnisse und Freiheiten war das Resultat der Wut einer Nation, die der nie endenden Machtkämpfe überdrüssig war. Johann war nicht fähig, mit erfahrenen, reifen Männern zu verhandeln, die andere Ziele verfolgten als er. Der Überdruss der Barone, die Johanns Herrschaft fünfzehn Jahre miterlebt hatten, zeigt vor allem, dass die einflussreichen Familien Englands schlicht und einfach in Frieden mit ihrem König leben wollten.

Dank Johanns Unfug begann in England eine Entwicklung, die zur Geburt des Parlaments führte. Anfangs wurde das Wort *parlament*, das «Sprechen» bedeutete, für die Gespräche der Mönche nach dem Abendessen verwendet. 1239 begann der Benediktinermönch Matthew Paris aus dem Kloster St. Albans, die Versammlungen der Prälate, Barone und Earls mit diesem Begriff zu bezeichnen. 1295 wurde das erste Parlament gebildet, dem Vertreter des Klerus, der Ritterschaft, des Bürgertums und der Bauern angehörten.

Als Gegenreaktion auf das großschnauzige Auftreten der Herrscher entstand also das Parlament, dem die Aufgabe zufiel, darauf zu achten, dass von der Macht nicht zügellos Gebrauch gemacht wurde. Niccolò Machiavelli dürfte an Regenten wie Johann gedacht haben, als er schilderte, mit welch einfachen Mitteln ein Herrscher seine Macht verlieren kann. Ein Fürst dürfe sich nicht am Eigentum und an den Frauen seiner Untertanen vergreifen, schreibt Machiavelli, denn die Menschen vergessen den Tod ihres Vaters schneller als den Verlust ihres Besitzes.

Was erklärt das Verhalten von Herrschern wie Johann Ohneland?

Als Herdentiere sind wir an Hierarchien gewöhnt. Wir brauchen einen Anführer, der die Aufgaben verteilt und Konflikte innerhalb der Gruppe verhindert. Aber zuerst müssen wir um diese Position kämpfen. Schon in einer Gruppe mit nur drei Mitgliedern beginnt die Konkurrenz um die Führungsstellung. In großen Gruppen spricht die Mehrheit – also diejenigen mit niedrigem Status – selten. Sie wenden sich höflich und respektvoll an diejenigen, die in der Hierarchie über ihnen stehen, finden aber kaum Beachtung. Die Stellung einer Person hängt davon ab, wie nützlich sie bisher war. Allzu gesprächige Personen mit niedrigem Status werden bestraft, während Menschen in führenden Positionen aufgefordert werden, mehr zu sprechen. Wenn der Anführer einer Gruppe zu dominierend ist, können sich die Schwächeren gegen ihn verbünden. Es kommt zum Umsturz und zur Bildung einer neuen Gruppe. Eine Revolution ist letztlich eine Reaktion auf zu weit gehendes Mobbing. Leider schaffen Hierarchien immer Gelegenheit, Schwächere zu schikanieren, was als höchster Grad der Arroganz zu betrachten ist. Dieses Verhalten gründet sich auf die Überzeugung der Schikaneure, sie seien etwas Besseres als ihre Opfer. Ein König kann die Ehefrauen seiner Untertanen befummeln. Ein Direktor kann die Barkeeper und Putzkräfte auf seinem Schiff springen lassen. Grotesk ist es, wenn die Tatsache, dass das Gegenüber harmlos ist, ausreicht, um sich für etwas Besseres zu halten.

Diese für uns charakteristische Protzigkeit versteht man schon, wenn man an die von den Europäern favorisierten Strände Thailands reist und das Verhalten mancher Touristen beobachtet. Bei den Korallenbänken der Andamanensee lebt der Zebrahai, den die Touristen lieben. Der Zebrahai jagt Fische, Schalentiere, Weichtiere und Würmer, die er mit Hilfe seiner Bartfäden auf dem Meeresboden aufspürt. Dem Menschen wird er nicht gefährlich. Diese Tatsache ist wichtig. Weil der Hai sanftmütig ist, geraten viele Touristen in Versuchung, sich aufzuspielen und das arme Tier zu quälen. Sie halten das für eine Heldentat. Diese nach falschen Ehren strebenden Sonntagstaucher sind wahrscheinlich auch an ihrem Arbeitsplatz Mobber, denen es leichtfällt, wehrlose Menschen schlecht zu behandeln.

In einer Schule im finnischen Hauptstadtgebiet wurde ein Mädchen gemobbt, weil sie «zu brav war und nicht gegen die Schule rebellierte». Rücksichtsvolle und brave Schüler und Schülerinnen werden häufiger schikaniert als andere. In der Schulwelt wird Anderssein – etwa Bravheit – verachtet. Zum Mobbingopfer wird häufig auch, wer ein Handicap hat, beispielsweise ein Hörgerät braucht.

Bedauerlich oft wird Mobbing mit einem Schulterzucken abgetan, mit der Behauptung, es gehöre zum normalen Umgang unter Kindern. Jeder werde mal gemobbt, für einen Streit brauche es immer zwei und so weiter. Kinder werden darauf trainiert, sich zu verteidigen, und im schlimmsten Fall feuern die Eltern auf den Zuschauerrängen einer Sportstätte ihre Kinder an wie Rudel wildgewordener Hyänen. Das Ergebnis einer Umfrage des Forschungsinstituts Ipsos über das Verhalten der Erwachsenen bei Sportveranstaltungen für Kinder ist geradezu beschämend. Hierfür wurden 23 000 Erwachsene in zweiundzwanzig Ländern befragt. Mehr als fünfunddreißig Prozent hatte sich aggressiv verhalten. Die wüstesten Ziffern wurden in den USA registriert. Sechzig Prozent der befragten Amerikaner hatten Wutanfälle bei anderen Erwachsenen beobachtet.

Ein besorgniserregender Trend ist, dass sich das Schulmobbing am Arbeitsplatz fortsetzt. Dan Olwaeus hat eine Langzeitstudie über Mobber und ihre Opfer durchgeführt.

Er ging dafür die Daten von mehr als 130000 Schülern durch. Laut Olwaeus sind sieben Prozent der norwegischen Kinder Mobber und neun Prozent Opfer. Anhand der Untersuchungsergebnisse kann man erkennen, welche Faktoren Kinder zu Mobbern machen können. Sie stammen typischerweise aus Familien, in denen die Eltern selbst kühl oder aggressiv sind oder die Aggressivität ihrer Kinder zulassen. Olwaeus verfolgte das weitere Schicksal der Mobber: Sechzig Prozent von ihnen wurden wegen mindestens einer Straftat verurteilt, bevor sie vierundzwanzig Jahre alt waren. Im Vergleich dazu wurden von denjenigen, die nicht gemobbt hatten, nur zehn Prozent verurteilt.

Finnland kann sich mit seinen Mobbing-Statistiken nicht brüsten. Die Finnen sind doppelt so häufig Opfer von Mobbing am Arbeitsplatz wie die Bürger anderer europäischer Länder. Laut der 2008 veröffentlichten EU-27-Statistik steht Finnland in dieser Sparte an der Spitze, gefolgt von den Niederlanden, Irland, Belgien und Frankreich. In den anderen skandinavischen Ländern liegen die Ziffern für Mobbing am Arbeitsplatz deutlich niedriger, in Schweden zum Beispiel bei nur einem Viertel der finnischen Zahl.

John Archer, der die Gewalttätigkeit junger Männer untersucht hat, behauptet, dass hinter den Gewalttaten in den meisten Fällen das Motiv steht, den eigenen Status in Situationen zu verbessern, in denen dies auf freundliche und legale Weise nicht möglich ist. Gibt es eine bessere Methode, seinen Status in einer Schar geistig Halbwüchsiger zu verbessern als durch das Schikanieren Schwächerer?

Steckt tatsächlich ein Raubtier in uns, ein genetischer Beutetrieb, der uns zwingt, die Vorstellung zu akzeptieren, dass man seine Mitmenschen stets besiegen muss?

Als Beweis für die Machtgier und Arroganz des Menschen genügen allein die Statistiken Roms und der ottomanischen Reiche. Nach den Berechnungen des Kriegshistorikers Azan

Gat starben fast siebzig Prozent der römischen Herrscher durch Gewalt, die entsprechende Zahl für Byzanz in den Jahren 395 bis 1453 betrug sechzig Prozent. Das Reich der Ottomanen wiederum war bestrebt, die Angelegenheit noch pragmatischer zu regeln: Der gewählte Herrscher tötete alle seine Brüder oder stach ihnen zumindest die Augen aus. Das wiederum veranlasste sämtliche Erben, noch verbissener um ihr Überleben zu kämpfen.

Die Psychologen Martin Daly und Margo Wilson gelangten in ihrer 1983 abgeschlossenen Untersuchung zu dem Ergebnis, dass zwei Drittel aller Morde verübt wurden, weil die Mörder sich respektlos behandelt fühlten und durch ihre Tat das Gesicht wahren wollten.

Die Geschichte kennt unzählige Beispiele für Verhaltensmuster, bei denen Gewalttätigkeit mit der Wahrung der Ehre begründet wird. Die unterschiedlichen Werte in verschiedenen Epochen prägen unsere Vorstellung davon, was nobel und ehrenhaft ist. Der von Ludwig dem Heiligen angeführte siebte Kreuzzug nach Ägypten ist ein warnendes Beispiel. Ludwigs Bruder Robert de Artois war ein disziplinloser und eigensinniger Heerführer, der alle Ehre für sich beanspruchte. Beim Angriff auf die Stadt El Mansura wollte er nicht auf die Truppen seines Bruders warten. Als der englische Ritter William of Salisbury versuchte, Robert de Artois zu überreden, das Eintreffen der Verstärkung abzuwarten, schmähte Robert ihn als Feigling. Das war in jener Zeit eine schwere Beleidigung, die kein Ritter hinnehmen konnte. William schloss sich mit den anderen Kreuzrittern dem verhängnisvollen Angriff an. Wegen seines ehrsüchtigen Bruders verlor König Ludwig auf einen Schlag ein Drittel seiner Kavallerie. Der siebte Kreuzzug 1248 bis 1254 endete mit der ägyptischen Belagerung und der Gefangennahme Ludwigs, der nur gegen ein hohes Lösegeld freikam.

In den Wikingerkulturen wurden alte Frauen geschätzt,

alte Männer dagegen nicht. Egil, von dessen Heldentaten die Egilssaga berichtet, stirbt als verspotteter Greis. Seine größte Sünde bestand darin, dass er nicht als junger Mann auf dem Schlachtfeld gefallen war. Die Wikingerkultur gründete einfach auf dem Recht des Stärkeren. Jede Meinungsverschiedenheit konnte grundsätzlich durch einen Zweikampf entschieden werden, und solange kein Blut floss, ging man davon aus, dass die Ereignisse am nächsten Morgen vergessen waren. Die Wikinger scheinen üble Nachrede mehr gefürchtet zu haben als Gewalt. Vor allem galt es, mit einer mannhaften Saga über sich selbst in die Geschichte einzugehen.

Das eifersüchtige Herausstreichen des eigenen Ego ist ein Grund für Gewalttaten und viele Kriege. Azar Gat sieht in seinem umfangreichen Werk *War in Human Civilization* die Menschen als auf ihre Ehre bedachte Wesen, die unaufhörlich um ihre soziale Anerkennung kämpfen. In traditionellen Gesellschaften führte selbst die geringfügigste Ehrverletzung zu Gewalt. Die Ehre war ein soziales Gut, das sich auf den Erfolg auswirkte. Wenn man seine Ehre schützte, hatte man bessere Aussichten bei der Partnerwahl.

Herzog Sully, der Minister des französischen Königs Heinrich IV., berichtet, im Frankreich des 17. Jahrhunderts habe man so empfindlich auf Ehrverletzungen reagiert, dass seinen Berechnungen zufolge innerhalb von zwölf Jahren achttausend Adlige bei Zweikämpfen ihr Leben verloren. Der eiserne Kanzler Otto von Bismarck war stets kampfbereit und duellierte sich während seines Studiums an der Universität Göttingen mehr als zwanzigmal. Bismarck stieg mit seiner brutalen Auffassung von Macht zum Staatsoberhaupt auf. Er sprach von «Realpolitik».

Die moderne Welt ist seit den Tagen Bismarcks nicht zivilisierter geworden. Wenn man den Fernseher einschaltet, gleich zu welcher Tageszeit, findet man immer eine Sendung, in der jemand abgewählt wird oder den Wettbewerb im Würmerverspeisen verliert. Ohne Wettbewerb geht nichts. Ein Mensch ohne Konkurrenzdenken wird schief angesehen, als wäre er krank oder ein Schlappschwanz.

GRENZENLOSES KONKURRENZDENKEN

Eine der falschen Vorstellungen im Hinblick auf das Glück besagt, man müsse etwas werden, um glücklich zu sein. Man muss berühmt oder angesehen sein, am besten beides. Das erreicht man entweder durch Macht oder durch Erfolg. Manchmal genügt es auch, an einem Wettbewerb im Fernsehen teilzunehmen.

Steve Taylor, der den Aberwitz von Selbstsucht und Egozentrik in der Geschichte der Menschheit untersucht hat, behauptet, dass Kriege und Gesellschaftsklassen ausnahmslos das Resultat einer übergroßen Egozentrik sind.

In liberalen Gesellschaften stehen die Menschen in starker Konkurrenz miteinander – dafür wurde die Marktwirtschaft ja geschaffen. Doch so ist es nicht in allen Gesellschaften. Die Ureinwohner Australiens und Papua-Neuguineas kennen keine starken leitenden Persönlichkeiten, weil ihre Gemeinschaften dem Wesen nach demokratisch sind. Aufgrund ihrer geringen Selbstbezogenheit empfinden sie mehr Empathie mit Tieren und respektieren die Natur. Selbst ihre Spiele kreisen nicht um Wettbewerb.

Als die Missionare die Einwohner von Papua-Neuguinea für das Fußballspiel zu begeistern versuchten, legten die Mannschaften keinen Wert auf den Sieg, sondern spielten bis zum Gleichstand. Auch die Aborigines hassten die Vorstellung, andere zu besiegen.

Die egozentrische Jagd nach Glück hat dazu geführt, dass unsere Gesellschaften extrem wettbewerbsorientiert sind. Durch unsere egozentrische Wesensart verlieren wir das Gemeinschaftsgefühl und ertrinken im Meer der Individualität. Wir müssen um eine knappe Ressource kämpfen: um Macht und Erfolg. Wir bilden uns fort, um eine bessere Position zu bekommen und mehr zu verdienen. Nationale und persönliche Wettbewerbsfähigkeit ist zum Mantra des 21. Jahrhunderts geworden. Schon kleinen Kindern wird die Vorstellung vermittelt, das Leben sei ein darwinistischer Kampf ums Überleben, in dem siegt, wer am meisten Spielzeug bekommt.

Die kaum versteckte Botschaft von Reality-TV, Business-Ratgebern und Coaches lautet, dass wir in einem Wettbewerb stehen, bei dem wir dennoch nie genug Geld, Hochachtung, Siege, Schönheit und Sex bekommen, und dass eigentlich gerade uns mehr Bonbons zuständen als den anderen.

In den Ohren eines normalen Arbeitnehmers klingen solche Worte, als kämen sie von einem anderen Planeten. Ständig wird von der Produktivität der Arbeit gesprochen und kompetenten Menschen vorgeworfen, sie seien zu teuer für die Volkswirtschaft. Menschen werden beurteilt und benotet, sie werden seltsamen Indikatoren unterworfen. Ein Feuerwehrmann löscht Feuer, aber die Anzahl der gelöschten Brände taugt nicht als Maßstab. Oder doch? Man kann nicht alles zum Wettbewerb ausschreiben – auch wenn in Finnland sogar die Tätigkeit der staatlichen Eisbrecher profitabel sein soll.

Nach Ansicht von Robert Sutton hat Konkurrenz tatsächlich mehr Schönheit, bessere sportliche und künstlerische Leistungen, bessere ärztliche Versorgung und wirksamere Medikamente geschaffen, doch können andererseits anhaltende Unzufriedenheit und überbordender Wettbewerb die geistige Gesundheit beeinträchtigen. Das kann zu einer arroganten Einstellung gegenüber denjenigen führen, die man als untergeordnet empfindet, und andererseits zu Neid auf diejenigen, die mehr Eigentum und einen besseren Status besitzen.

Im schlimmsten Fall verstärken die Spielregeln der Unternehmenskultur die primitiven Instinkte der Menschenhorden: Wir sind wettbewerbsorientierte, in Herden lebende Affen, die ständig um die Macht kämpfen.

Das makaberste Beispiel für den Wahnsinn übermäßigen Wettbewerbs bot das Energieunternehmen Enron. In der Wirtschaftsgeschichte ist der Konkurs von Enron eine der größten Katastrophen, zu denen extremer Konkurrenzinstinkt der Unternehmensführung und blinder Glaube an die eigene Vortrefflichkeit jemals geführt haben. Einer der Leiter von Enron war Jeff Skilling, ein superintelligenter Energiebolzen, aber als Führungskraft grauenhaft. Er verstand die Menschen nicht. Er ging davon aus, dass sie sich nach den Regeln der reinen Logik verhalten, was natürlich niemand tut – nicht einmal Skilling selbst.

Skilling engagierte intelligente und kreative Theoretiker. Die jungen MBAs durften mit den Millionen der Firma in aller Ruhe Innovationen entwickeln. Skilling glaubte, Habsucht sei die beste Motivation. Wer nicht genug Geld machen wollte, musste gehen. Loyalität wurde gekauft. Skilling wollte Leute einstellen, die «Zacken» hatten: Wenn ein Bewerber in einem speziellen, schmalen Sektor begabt war, spielten Mängel in anderen Bereichen keine Rolle. Egoisten und Intriganten waren willkommen, wenn sie genau die Kenntnisse hatten, die gebraucht wurden. Die Angestellten brauchten auch nicht miteinander auszukommen. Im Gegenteil. Interne Spannungen schufen Konkurrenz, die nach Skillings Überzeugung neue Ideen befruchtete. Skillings Untergebene waren unglaublich dünkelhaft und verachteten das Unternehmen, das ihr Gehalt zahlte. Nach Wall-Street-Manier hatte jeder von ihnen einen hochtrabenden Titel erhalten.

Skilling erfand ein System, bei dem die Mitarbeiter auf einer Skala von eins bis fünf beurteilt wurden. Skilling selbst wurde nicht benotet. Wer eine Eins erzielte, bekam einen saftigen Bonus. Bei einer Fünf musste man sich auf die Kündigung gefasst machen, sofern man seine Leistung nicht bis zum nächsten Ranking verbessert hatte. In Hotels fanden Rankingsitzungen statt, bei denen das Bild des jeweiligen Mitarbeiters an die Wand projiziert und seine Fähigkeit zu Teamarbeit und Kommunikation beurteilt wurde. Wenn jemand eine Fünf in Kooperationsfähigkeit bekam, aber Profit machte, wurde er auf Rang eins gesetzt. Schließlich hing das Ranking nur noch davon ab, wer am besten debattieren, begründen oder schreien konnte. Manchmal sabotierten die Chefs andere, um ihre eigenen Kandidaten zu fördern. Das System verschlang maßlos viel Zeit und Geld: Die Sitzungen zur Evaluierung begannen nicht selten um acht Uhr morgens und endeten erst um Mitternacht.

Skilling glaubte, Intelligenz, Innovationen und Engagement zu fördern, doch tatsächlich förderte er Brutalität, Egoismus und Habsucht. Niemand interessierte sich für die Beziehungen zu den Kunden, denn für Kundenzufriedenheit wurde kein Bonus vergeben. Enron geriet in den Ruf, das Geld seiner Kunden zu stehlen.

Robert Sutton ist überaus kritisch gegenüber Organisationen, die ihre Mitarbeiter unablässig einstufen. Die Hervorhebung von Statusunterschieden und Hackordnungen bringt unsere schlechtesten Seiten zum Vorschein. Die Alphamännchen und -weibchen werden egoistisch und respektlos, die untergeordneten Mitarbeiter ziehen sich zurück und arbeiten unter Niveau. Viele Organisationen stärken diese Kultur, indem sie einigen Stars zusätzliche Vergütungen gewähren und die anderen als Menschen zweiter Klasse behandeln.

Wenn man ständig unterstreicht, dass einige besser sind als andere, und nur die unmittelbaren wirtschaftlichen Resultate hervorhebt, scheitert die Leistung des Teams unter Umständen an der Konkurrenz zwischen den Teammitgliedern. In einer von schnellem Tempo geprägten Unternehmenswelt zerbricht häufig das gegenseitige Vertrauen. Nach Suttons Ansicht führt dies letztlich dazu, dass Freunde zu Feinden werden. Aufgrund der internen Konkurrenz versucht man, Herausforderer zu Fall zu bringen. Organisationen, die eine extreme interne Konkurrenz verbieten, sind nicht nur zivilisierter, sondern erzielen auch bessere Resultate. Organisationen, in denen man sich nicht zu fürchten braucht, locken Talente an. Dort werden auch Ideen offener geteilt. Menschen tun nämlich unerhört viel dafür, nicht gedemütigt, sondern respektiert zu werden.

Robert Suttons Auffassungen sind statistisch untermauert. Die Novations Group befragte mehr als zweihundert für Personalangelegenheiten zuständige Vertreter von Organisationen mit einer Personalstärke von über 2500 Mitarbeitern, die systematisch beurteilt wurden. Sutton und Jeff Pfeffer von der Universität Stanford nahmen Einblick in das Material und stellten in ihrer 2006 erschienenen Studie fest, dass obligatorische Beurteilung verminderte Produktivität, Ungleichheit, Skeptizismus, eine negative Einstellung zur Bindung an das Unternehmen, eingeschränkte Kooperation und Misstrauen gegenüber der Leitung verursachte.

Niemand kann für immer ein Star sein. Konkurrenz und Sieg sind wunderbar, wenn man gleichzeitig Gelegenheit hat, anderen zu helfen und sie zu respektieren. Macht man dagegen Karriere, indem man andere verletzt, ist das Resultat in der Regel eine persönliche Tragödie.

Die Neurologin Kiti Müller betrachtet Wettbewerbsgeist

als äußerst gefährlich für die Psyche des Menschen, wenn er sich mit jugendlicher Unerfahrenheit und Arroganz verbindet. Bei ihrer Arbeit mit Patienten hat sie Menschen erlebt, die schon vor dem vierzigsten Lebensjahr ihre Arbeitsfähigkeit verloren hatten. Eine außergewöhnlich schnelle und steile Karriere lag hinter ihnen. Dem Burn-out war eine manische Phase vorangegangen, in der die Aufsteiger nachts nur einige Stunden schliefen und auch an den Wochenenden arbeiteten. Sie hatten weder Erfahrungen mit Fehlschlägen noch kannten sie die Grenzen ihrer Leistungsfähigkeit. Ihre Jugend und ihre begrenzte Berufserfahrung nährten einen festen Glauben an die eigenen Fähigkeiten. Zu allem Überfluss fiel es diesen jungen Aufsteigern auch deshalb schwer, ins Arbeitsleben zurückzukehren, weil sie künftig anspruchslosere Aufgaben erhalten würden.

Müller unterstreicht die Bedeutung von Empathie und Selbstkenntnis. Wenn ich meine eigene Psyche und meinen Gemütszustand kenne, kann ich mich auch in die Empfindungen anderer Menschen einfühlen.

In vielen Organisationen gilt der unablässige interne Wettbewerb jedoch als normal und sogar als überaus empfehlenswert.

Die von Larry Ellison geleitete Firma Oracle hat große Ähnlichkeit mit ihrem Geschäftsführer, der intelligent und äußerst wettbewerbsorientiert ist. Das Unternehmen bietet Datenbankmanagementsystem-Software an, die beispielsweise für die Buchungssysteme von Fluggesellschaften, in Versicherungen und Bibliotheken verwendet werden. Dem sechstreichsten Mann der Welt scheint jedoch nichts zu genügen. Ellison gab bereits 1997 zu, dass er die Aufgabe hat, Microsoft den Titel des größten Programmherstellers der Welt abzujagen. Dafür werde er bezahlt. Wenn er seinen Job nicht aggressiv genug angehe, sei es ratsam, ihn zu feuern, erklärte er.

Das Imponiergehabe der Leiter amerikanischer IT-Riesen ist legendär. Die auf Konkurrenz getrimmten Führungskräfte vergessen den Wettbewerb auch außerhalb des Arbeitslebens nicht. Larry Ellison wetteiferte jahrelang mit Paul Allen, dem Gründer von Microsoft, um den Titel des Besitzers der längsten Jacht der Welt. Ellisons Rising Sun sollte ursprünglich 120 Meter Länge haben, doch als er erfuhr, dass Allens Octopus 128 Meter lang ist, ließ er die Pläne ändern und sein eigenes Schiff 138 Meter lang bauen. Ellisons Jacht ist so groß, dass sie in den meisten Häfen der Welt keinen Platz findet, ganz zu schweigen von den Bootshäfen, die der Jetset bevorzugt. Dank seiner Hybris ist Ellison dazu verdammt, mit seinem Riesenboot zwischen Tankern und Frachtschiffen in den Industriehäfen anzulegen.

Manchmal geht es auch um Kleinigkeiten, zum Beispiel darum, wer den größten Fisch fängt oder beim Skilanglauf die Führung übernehmen darf. Die Angel- und Skiausflüge des finnischen Präsidenten Urho Kekkonen in den 1960er Jahren waren berühmt für ihre taktvolle Etikette. Es galt als unschicklich, dass jemand einen größeren Fisch an den Haken bekam oder schneller Ski lief als der Präsident. John Simon liefert eine interessante Anekdote über die Begegnung zwischen zwei Alphatieren. Pekka Herlin, der Geschäftsführer von Kone, einem der größten Lifthersteller der Welt, nahm nur einmal an einer Skifahrt mit Präsident Kekkonen teil. Da beide Herren gleichermaßen darauf erpicht waren, im Scheinwerferlicht zu stehen, war der Ausflug eine wahre Qual für Herlin. Kekkonen hatte immer darauf bestanden, auf der Loipe nicht überholt zu werden. Er musste am Start und am Ziel der Erste sein. Beim Skiausflug 1963 hielt Herlin sich nicht daran, sondern zog am Präsidenten vorbei und erreichte die Skihütte vor allen anderen. Damit stellte er sicher, dass er kein zweites Mal auf die Loipe des Präsidenten eingeladen wurde.

In der Tierwelt führt die Begegnung von zwei Alpha-männchen unausweichlich zum Kampf. Die Menschen sind kein Stück besser. Im schlimmsten Fall lässt die Niederlage des Gegners das Ego des Siegers unerträglich anschwellen.

II DAS EGO

Wenn das Ego zu sehr anschwillt,
entstehen Größenwahn und Schwerhörigkeit.
Fehler werden nicht zugegeben,
und andere Menschen werden herabgemindert.
In diesem Kapitel wird geschildert,
wie Napoleon Frankreich,
Trotzki die Sowjetunion und
Chiang Kai-shek China verspielte.

IN DEN verschiedensten Ländern sieht man vor den Verwaltungspalästen und auf den großen Plätzen der Städte immer die gleichen Statuen. Ein ernst dreinblickender Mann mit Umhang oder in Uniform, häufig reitend, ein Schwert in der Hand. Manchmal – in Revolutionszeiten – wird ein Denkmal gestürzt und durch ein anderes ersetzt. Immer jedoch zeigen die Statuen große Persönlichkeiten, die von der Nation verehrt werden.

In der Stadt Xi'an steht ein riesiges Denkmal, das den ersten Kaiser von China, Qin Shi Huangdi, darstellt. Er ließ alle Bücher in seinem Reich verbrennen und vierhundertsechzig Gelehrte bei lebendigem Leib begraben, weil sie ihm nicht zu raten wussten, wie er Unsterblichkeit erlangen konnte. Als Shi Huangdis Sohn einwandte, die Gelehrten hätten nur die Anweisungen des Kaisers befolgt, verbannte der Kaiser seinen Sohn in den Norden. Der Kaiser war der Überzeugung, göttliche Eigenschaften zu besitzen. Er ließ Türme bauen, auf denen er mit den Geistern in Verbindung treten konnte. In der Nähe der heutigen Stadt Xi'an ließ Shi Huangdi ein zweiundfünfzig Quadratkilometer großes, das Universum symbolisierendes Mausoleum für sich errichten. Zur Bewachung der Grabstätte wurde eine Terrakotta Armee mit mehr als siebentausend Soldatenstatuen angefertigt, die heute zu den bekanntesten Sehenswürdigkeiten Chinas zählt. Für die Arbeiten verpflichtete der Kaiser 700000 Menschen.

Mao Tse-tung bewunderte Shi Huangdis Führungskunst. Auf dem Platz des Himmlischen Friedens in Peking befindet sich ein großes Porträt Maos. Mao vertrat schon als junger Mann wüste Auffassungen. Während seines Studiums am Lehrerseminar in Hunan 1917 erklärte er, die Einwohner

Chinas seien von Natur aus phlegmatisch, engstirnig und mit ihrem Sklavenlos zufrieden. Er war sogar der Ansicht, alle Literatur, die nach den Tang- und Song-Dynastien erschienen war, müsse verbrannt werden. In seinen Aufzeichnungen schreibt er, die Gebote «Du sollst nicht töten» oder «Du sollst nicht lügen» hätten nichts mit dem Gewissen zu tun. Man müsse nur klar zum eigenen Vorteil kalkulieren. Eine lange Friedenszeit sei den Menschen unerträglich, deshalb müssten Flutwellen in Form von Unruhen erzeugt werden. In einer Rede im Jahr 1958 erklärte er, der Tod sei nichts Schlimmes, und die Hälfte der Chinesen könnte für die Ideologie und den Staat geopfert werden.

In der Mongolei gilt Dschingis Khan als Nationalheld. Außerhalb von Ulan Bator wurde ihm zu Ehren ein vierzig Meter hohes Stahldenkmal errichtet.

Dschingis Khan war ein Schlächter, der dreißig bis vierzig Millionen Menschen töten ließ, als er sein Reich schuf, das schließlich von Vietnam bis nach Polen reichte. Ihm wird die Äußerung zugeschrieben: «Es ist meine größte Freude, die Gebiete der Feinde zu erobern, die Feinde zu jagen, ihr Eigentum zu beschlagnahmen, die Tränen in den Augen ihrer Familien zu sehen, ihre Pferde zu reiten und ihre Frauen und Töchter zu besitzen.»

Timur Lenk, der achtundzwanzig Schädeltürme aufhäufte, nachdem er alle 70 000 Einwohner der Stadt Isfahan hatte töten lassen, hat in Taschkent ebenfalls ein prunkvolles Denkmal bekommen. Am zweiten Unabhängigkeitstag Usbekistans 1993 enthüllte Präsident Karimow die Statue Timur Lenks im Zentrum der Stadt und erklärte, dieser sei ein Held und Patriot gewesen.

Das Zentrum von Cherbourg schmückt ein großes Napoleon-Monument. Zu Ehren Napoleons (sechs Millionen Opfer) wurden überall in Frankreich entsprechende Denkmäler errichtet. Man findet sie in Rouen, La Roche sur Yon,

Laffrey und anderen Kleinstädten. Napoleon stellte gegenüber dem österreichischen Außenminister Metternich fest, er könne mit Leichtigkeit eine Million französische Soldaten opfern, um den Krieg zu gewinnen.

Der belgische König Leopold II. (zehn Millionen Opfer) reitet stolz im Park Place du Trone in Brüssel. Er war besessen von dem Wunsch nach einer eigenen Kolonie und brachte schließlich den Kongo, der bescheidene sechsundsiebzigmal so groß war wie Belgien, in seinen Besitz. Was in der Zeit des «Freistaats» Kongo geschah, gehört zu den schlimmsten Völkermorden und Menschenrechtsverletzungen der Geschichte: In vierzig Jahren sank die Einwohnerzahl von zwanzig auf zehn Millionen Menschen. Die Berichte über die schamlose Ausbeutung der indigenen Bevölkerung und die weitverbreiteten Menschenrechtsverbrechen – wie Sklaverei, Verstümmelung, Vergewaltigung und Mord – führten Anfang des 20. Jahrhunderts zu internationalem Widerspruch gegen Leopolds Maßnahmen.

Stalin (dreißig Millionen Opfer) wurde bei einer Umfrage vor einigen Jahren zu einem der größten Russen gewählt. Stalin stützte sich auf Terror, führte Zwangsumsiedlungen nationaler Minderheiten durch, schickte politische Häftlinge zur Zwangsarbeit und gründete die sogenannten Erziehungslager, das Gulag-System. Stalin sagte, der Tod eines Einzelnen sei eine Tragödie, der Tod von Millionen nur eine Zahl in der Statistik.

Blutrünstige Machthaber ernten weiterhin Bewunderung, und ihre Denkmäler werden von Vogelkot freigehalten. Rührend einig ist man sich nur darüber, dass Hitler, das Genie der Karpaten Nicolae Ceausescu und Saddam Hussein böse waren. Hussein wird als Paranoiker beschrieben, der einen messianischen Ehrgeiz und ungezügelte Aggressivität, aber kein Gewissen hatte. Man kann natürlich fragen, auf wie viele andere diese Beschreibung ebenfalls zutrifft. Das

Kriterium für ein Denkmal ist nicht, dass der Betreffende ein guter Mensch war, sondern dass er im Guten wie im Bösen genug Bedeutung hatte.

Wohl jeder von uns ist schon einmal einer machthungrigen Person begegnet. Im günstigsten Fall tritt eine solche Person gewinnend, zielbewusst und charismatisch auf. Sie kann auch despotisch sein. Sie hat zu allem eine festgefügte Meinung und hört nicht gern auf andere. Häufig will sie alles kontrollieren und lässt anderen keinen Raum.

Ein machthungriger Chef ist ehrgeizig, weil Ehrgeiz in der heutigen Welt eine hochgeschätzte Eigenschaft ist. Wann immer ein neuer Direktor einen Posten antritt, hat er das Bedürfnis, zu «entwickeln» und zu «erneuern». Man sagt, ein neuer Leiter habe hundert Tage Zeit, die notwendigen Schritte zu tun. Manche Unternehmensberater bezeichnen diese Frist als *momentum*, als das Stadium, in dem alles möglich ist. In dieser Zeit wird voll aufgedreht und losgeprescht. Die Organisation wird umstrukturiert, der Vorstand oder die Führungsgruppe wird rasch neu besetzt und zum eigenen Hofstaat geformt.

Wenn die Leistungseffizienz steigt, entwickelt sich die Vorstellung, man sei allmächtig und besitze auf jedem Gebiet überragende Fähigkeiten. Einer solchen Führungskraft ist selbst eine kilometerlange Feder am Hut nicht genug. Sie ist an Megalomanie, an Größenwahn erkrankt.

Nicht genug damit, dass Ludwig XIV. in Versailles einen unbegreiflich protzigen Hofstaat mit sechstausend Personen um sich scharte, er entschied auch für die Bürger, was guter Geschmack war. Unter seiner Herrschaft wurde ein Beamter gewählt, der *législateur du goût*, der Gesetzgeber des Geschmacks, der festlegte, worüber und wie Gedichte zu schreiben waren. Peter der Große wiederum entschied, wie man sich zu kleiden hatte: Orientalische Kleidung wurde verboten, und die Männer mussten sich den Bart abrasieren.

Die ägyptischen Pyramiden waren ein Klacks im Vergleich zu den bombastischen Plänen der Sowjetunion. Dort begann man in den 1930er Jahren die Umlenkung der Flüsse Sibiriens zu planen, damit die Baumwollfelder in den südlichen Teilen der Sowjetunion genügend Wasser bekamen. Man sprach von einem Jahrhundertprojekt. Es war vorgesehen, den Lauf der Flüsse durch atomare Sprengungen zu verändern. Der Plan wurde 1986 aufgegeben, doch die Baumwolle hatte den Aralsee bereits in den 1960er Jahren zerstört, als die in den See mündenden Flüsse zur Bewässerung der Felder umgeleitet wurden. Stellenweise verschob sich die Uferlinie um sechzig Kilometer. Die Fläche des Sees ist auf ein Viertel geschrumpft.

Manchmal werden Entscheidungen unbegreiflich impulsiv getroffen. Mao Tse-tung beschloss, dass alle Spatzen in China ausgerottet werden sollten, um die Getreideernte zu sichern. Trotz aller Warnungen der Wissenschaftler wurden die Spatzen getötet – und das Land begann unter Ungeziefer zu leiden. Schließlich musste China die Sowjetunion um 100 000 Spatzen bitten.

Mao versuchte auch die gesamte alte Kultur zu vernichten. Während der Kulturrevolution wurden mehr als viertausend historische Gebäude in Peking zerstört. Mao Tsetung starb 1976, und im darauffolgenden Jahr wurde die Kulturrevolution für beendet erklärt. Heute wird sie in China die «zehnjährige Katastrophe» genannt. Nach Mao haben die Machthaber in China keinen Personenkult mehr aufgebaut. Deng Xiaoping forderte sogar, dass für ihn keine Denkmäler errichtet würden.

Jared Diamond entdeckt in vielen zugrunde gegangenen Gesellschaften ähnliche Züge wie bei den Megalomanen an der Spitze großer Staaten. Die Einführung der Landwirtschaft und der Anstieg der Bevölkerungszahlen führen oft zu unkontrolliertem Wachstum und zum Größenwahn der

Herrschenden. Die Maya-Herrscher bauten immer raffiniertere Tempel, um sich gegenseitig zu übertrumpfen, genau wie die amerikanischen Geschäftsführer. Auch auf der Osterinsel wurden Statuen errichtet. Weder die Mayas noch die Herrscher der Osterinsel waren willens, sich den wahren Gefahren zu stellen, die ihre Gesellschaften bedrohten. Die vom Regenwald eroberten Tempelgebiete und die fast zur Wüste verdorrte Osterinsel sind heute still und verlassen. Nur die Touristengruppen, die die Tempel und Statuen bestaunen, erinnern an die vergangene Größe dieser Kulturen.

Alles hat seine Grenzen, auch auf der individuellen Ebene. Der spanische König Philipp II. verbrannte vor seinem Kamin, weil sein Hofstaat den Beamten, dessen Aufgabe es war, den Sessel des Königs zu verrücken, nicht schnell genug fand.

SCHWERHOERIGKEIT

Einer der berühmtesten Generäle der Welt war gar keiner. George Armstrong Custer verschaffte sich den lokalen Titel eines Generalmajors der Freiwilligentruppen und kam auf die Idee, sich in eine golden funkelnde Samtuniform zu kleiden. Er liebte die Öffentlichkeit. Da er sich selbst für einen brillanten Soldaten hielt, ließ er viele Befehle unbeachtet und hörte nicht auf den Rat von Fachleuten, geschweige denn auf den seiner Untergebenen. Custer galt allgemein als skrupelloser und andere Menschen ausnutzender Emporkömmling, der von seinen Männern Unmögliches verlangte. Viele seiner eigenen Leute hassten ihn.

1868 griff Custer die Cheyenne-Indianer an und tötete hundertdrei von ihnen, die Hälfte davon Frauen und Kinder.

Deshalb verhöhnten die Cheyenne Custer als «Frauentöter». Custer war kein planmäßiger, sondern ein instinktiver Kämpfer, der sich von seinem Hass auf die Indianer leiten ließ. 1876 machte er sich bereit, am Little Big Horn in Montana die von Crazy Horse und Sitting Bull angeführten Indianertruppen anzugreifen. Vor der Schlacht wurde ihm eingeschärft, nicht auf eigene Faust zu handeln. Obwohl er ermahnt worden war, auf Verstärkung zu warten, schritt er zum Angriff. Er rechnete mit einem leichten Sieg. Custer und alle seine Männer kamen ums Leben.

Es ist eine der stärksten Erscheinungsformen der Arroganz, dass man nicht auf andere hört. Der französische König Ludwig XVI. ernannte 1789 trotz aller Warnungen und gegen sein Versprechen eine extrem konservative Regierung, die sich nicht um die Rechte des dritten Standes – der Bürger und Bauern – scherte. Zudem entließ der König den Finanzminister Jacques Necker, einen der wenigen, die sich um die Nahrungsmittelversorgung der Bevölkerung Sorgen machte. Als die Volksmenge von der Abberufung Neckers erfuhr, begann die Französische Revolution.

Ein selbstgefälliger Mensch braucht seiner eigenen Ansicht nach von niemandem Rat und Unterstützung. Er gibt Vollgas. Bei vollem Tempo hat er keine Zeit, sich die Gedanken erfahrener Mitarbeiter anzuhören. Napoleon Bonaparte ist eines der repräsentativsten Beispiele eines selbstgefälligen Herrschers. Während seiner Ausbildung an der Militärschule von Brienne stellte er fest, dass er seinen Mitschülern im Fach Mathematik deutlich überlegen war. Er verstand, welche Bedeutung Distanzen, Marschgeschwindigkeit, Nachschub an Tieren und Proviant sowie Transportmittel für eine Schlacht hatten und welche Rolle Gefallene und Verwundete spielten. Napoleon machte die Berechnungen zur Routine, so dass er mühelos Anweisungen geben konnte. Zudem war er ein hervorragender Kartenleser: Er visualisierte anhand der Landkarte die tatsächlichen Schlachtfelder. Im Gegensatz zu den anderen Offizieren konnte Napoleon auf Anhieb die Länge der Strecke von einer Kampfstätte zur nächsten angeben.

Damit war alles klar. Da Napoleon ein militärisches Genie war, brauchte er von niemandem Hilfe. Napoleon litt an einer narzisstischen Persönlichkeitsstörung, und es war unerträglich, als Assistent des krankhaft egozentrischen und ehrgeizigen Anführers zu arbeiten.

Beethoven bewunderte Napoleon und erwog, ihm seine dritte Symphonie zu widmen. Doch als Napoleon sich zum Kaiser krönte, wurde Beethoven zornig. Seiner Meinung nach hatte Napoleon sich als gewöhnlicher Tyrann entpuppt.

Infolge seiner Wesenszüge wollte Napoleon nichts delegieren und belohnte vorwiegend diejenigen Soldaten, die seine Befehle exakt befolgten. Diese wiederum setzten alles daran, es Napoleon recht zu machen, statt selbst zu denken. Das war eine fundamentale Schwäche des ganzen Imperiums, die schließlich zum Untergang führte. Napoleon engagierte nämlich ausschließlich Männer der Armee. Die Generäle und Marschälle befehligten nicht nur ferne Armeen, sondern auch Provinzen und Königreiche. Auch in den Botschaften gaben Soldaten den Ton an und regelten Krisen mehr oder weniger erbärmlich.

In Napoleons Mannschaft gab es keine Problemlöser. Alle stützten sich auf den selbstherrlichen Kaiser, dem das nur recht war. Selbständige Ideenbildung wurde dadurch nicht beflügelt.

Napoleon hielt unerbittlich an seinen Zielen fest. Als Frankreich die ersten Stellungen auf der Karte Europas verlor, wurde ihm ein ehrenvoller Rückzug angeboten. Er lehnte die zunächst offerierten Grenzen von 1799 ab, dann die Grenzen von 1792. Die Armee wandte sich von ihm ab, und er erhielt das kleine Königreich Elba. Als er 1815 von Elba floh und noch einmal eine Armee um sich scharte, erlebte er die endgültige Niederlage bei Waterloo. Wieder einmal hatte er die Ratschläge seiner Offiziere zurückgewiesen und seinen Gegner General Wellington geringgeschätzt. Wellington dagegen nahm Napoleon ernst und siegte.

Als Napoleon Bonaparte 1799 die Herrschaft übernahm, war Frankreich das mächtigste Reich in Europa. Als er 1815 auf die Insel St. Helena verbannt wurde, hatte Frankreich seine Größe verloren. Nach siebzehn Jahren Krieg waren Millionen von Toten zu beklagen, der französische Staatshaushalt war bankrott, und das Land hatte einen Teil seiner Kolonien verloren.

Napoleon verstand es, seine Leute mitzureißen, doch er entpuppte sich als Mensch, der abweichende Meinungen und Anderssein verachtete. Einer ähnlich einseitigen Denkweise verfiel Chiang Kai-shek, der bedeutende chinesische Militärführer, der am Sturz des chinesischen Kaiserhauses beteiligt war.

Im Januar 1927 verbündete er sich mit den chinesischen Kommunisten und eroberte Shanghai und Nanjing. Im folgenden Jahr nahmen Chiang Kai-sheks Truppen die Hauptstadt Peking ein. Chiang Kai-shek war nun der siegreiche Mann an der Spitze Chinas. Seine Armee war doppelt so stark wie die der Kommunisten, und er verfügte über die Unterstützung der Amerikaner. Doch das genügte nicht.

Chiang Kai-shek verlor das Vertrauen der Chinesen aus einem sehr simplen und klassischen Grund: Er zeigte nicht das geringste Interesse für die einfachen Bauern. Nach Ansicht von Harry S. Gelbert scheiterte Chiang Kai-shek in allen denkbaren Bereichen. Die Steuerbelastung und die Korruption wuchsen. Die Regierung entfremdete sich von den Bauern. In der Art, wie die Beamten und Militärführer die einfachen Leute behandelten, paarten sich Arroganz und

Unfähigkeit. Sie zeigten keine Brüderlichkeit gegenüber den örtlichen Anführern und schenkten ihnen kein Gehör. Die Kommunisten dagegen brachten die Bauern auf ihre Seite, indem sie von einer Bodenreform sprachen. Chiang Kai-shek musste schließlich die Macht an die Kommunisten und Mao Tse-tung abtreten und floh mit seinen Truppen auf die Insel Taiwan.

In jeder Organisation wird heute die Wichtigkeit von Kooperation und Teamwork betont. Ganz gleich, wie genial jemand sein mag, er bringt nichts zuwege, wenn er nicht fähig ist, die Meinungen anderer zu berücksichtigen. Darüber stolperte Leo Trotzki.

Es stand nahezu fest, dass Trotzki Lenins Nachfolger in der Führung der Sowjetunion werden würde. Er hatte die Oktoberrevolution organisiert und war im Bürgerkrieg für die Rote Armee verantwortlich gewesen. Als glänzender Redner und Autor hatte er einen guten internationalen Ruf. Mit seinen Kampfgenossen hatte er allerdings große Probleme. Er weigerte sich, im Team zu arbeiten, und war äußerst arrogant. Da er auch keinen Geschmack an Schreibtischarbeit hatte, war er ein schlechter Verwaltungsmann. Der prominente, aber nervende Trotzki konnte seine eigene Organisation nicht auf seine Seite ziehen.

«Kein Wunder, dass meine Arbeit so viele Widersacher fand. Ich setzte die Ellbogentaktik ein und trat in der Eile denen auf die Füße, die ich nicht wahrgenommen hatte. Ich hatte es sogar zu eilig, um mich zu entschuldigen», schrieb Trotzki später.

Der weniger schwungvolle Stalin begann hinter den Kulissen aktiv zu werden. Er begriff schon früh, dass Lenin ein effektives Zentralorgan geschaffen hatte, das wie eine Maschine funktionierte. Stalin mied das Scheinwerferlicht und konzentrierte sich auf den Aufbau eines ihn unterstützenden Netzwerks. Trotzki versuchte, gegen Stalins Einfluss und die wachsende Sowjetbürokratie anzugehen, doch er verlor den Machtkampf.

Stalin hatte die Oberhand gewonnen und eine Allianz mit Grigori Sinowjew und Lew Kamenew gebildet, um Trotzki loszuwerden. Trotzki wurde aus der kommunistischen Partei ausgeschlossen und ins Exil nach Mexiko getrieben, wo er ermordet wurde. Er ist eine geradezu tragische Gestalt, die selbst die Emigration nicht rettete. Wir können nicht wissen, wie die Welt aussähe, wenn Trotzki seine Kollegen respektvoller behandelt und damit vielleicht Stalins Aufstieg zur Macht verhindert hätte.

Frankreich führte von 1963 bis 1996 auf dem zur polynesischen Inselgruppe gehörenden Atoll Mururoa unterirdische Kernwaffentests durch. Die Gleichgültigkeit der französischen Staatsführung gegenüber der öffentlichen Meinung begann allmählich Frankreich zu schaden. Der Grund für die Beendigung der Atomversuche war starker Druck, der sich in eine Bewegung für die Unabhängigkeit Französisch-Polynesiens zu verwandeln drohte.

Ein Sturmtrupp des französischen Geheimdienstes DGSE versenkte am 10. Juli 1985 das Schiff Rainbow Warrior im Hafen von Auckland auf Neuseeland. Das Schiff hatte als Protest gegen die unterseeischen Kernwaffentests zum Atoll Mururoa fahren sollen. Bei der Explosion starb ein Mitglied der Besatzung. Genau zwanzig Jahre nach dem Zwischenfall gab die französische Regierung bekannt, dass der Befehl zum Angriff auf das Schiff unmittelbar von Präsident François Mitterrand gekommen war. Mitterands unbegreifliche Entscheidung förderte die Isolation Frankreichs. Sie führte auch zur Unterzeichnung des Raratonga-Abkommens, an dem sich neben Australien, Papua-Neuguinea und Neuseeland alle Inselstaaten des Südpazifiks beteiligten.

Die Geringschätzung der öffentlichen Meinung wurde auch dem britischen Premierminister Tony Blair zum Verhängnis. David Owen, der im Auswärtigen Amt Großbritanniens tätig war, hat sich Gedanken über die Kausalzusammenhänge zwischen Macht und Krankheiten gemacht. Nach eingehender Betrachtung der Geisteskrankheiten und Herzinfarkte von Herrschern kommt er zu dem Schluss, das Hybris-Syndrom sei die häufigste Krankheit der Machthaber. Das am leichtesten identifizierbare Symptom dieser Krankheit besteht Owen zufolge darin, dass Beschlüsse auf keinen Fall abgeändert werden, denn das würde bedeuten, Fehler zuzugeben. Das Hybris-Syndrom ist für alle Machthaber gefährlich, nicht nur für Diktatoren.

Einen beträchtlichen Anteil seines Buches widmet Owen George W. Bush und Tony Blair. Da Owen in Blairs Administration arbeitete, konnte er den Stil der Beschlussfassung des britischen Premierministers aus der Nähe beobachten. Der Angriff auf den Irak war ein Musterbeispiel für Schwerhörigkeit – für Indifferenz gegenüber den Meinungen der Experten.

Owen zufolge wiesen sowohl Tony Blair als auch George W. Bush drei negative Eigenschaften auf: überschäumende Selbstsicherheit, Rastlosigkeit und geringes Interesse für Details. Sie fassten ihre Beschlüsse auf eigene Faust und hörten nicht auf Ratschläge, am allerwenigsten auf solche, die ihre eigene Auffassung in Frage stellten. Da sich damit energisches Handeln – nach Owens Ansicht Rastlosigkeit – und ein fragmentarisches Gesamtbild verbanden, waren ernste Folgen unausweichlich. Blair brannte darauf, Vorträge zu halten und im Mittelpunkt zu stehen, und nutzte die Sachkenntnis seines Außenministeriums so gut wie gar nicht.

Es ist typisch für das Hybris-Syndrom, dass die Folgen einer Aktion gerade die Probleme vergrößern, die man zu lösen versucht. Blair und Bush machten die Rechnung ohne den Wirt, als sie beschlossen, den Irak anzugreifen. Die Vereinigten Staaten und Großbritannien versuchten den UN-

Sicherheitsrat davon zu überzeugen, dass Waffenkontrollen im Irak nicht ausreichen würden, um Saddam Husseins Massenvernichtungswaffen zu entdecken, die «innerhalb von fünfundvierzig Minuten einsatzbereit» seien. Trotz des weitverbreiteten Widerstands gegen den Krieg führten Blair und Bush die Koalition im März 2003 zum Angriff gegen den Irak.

Außenminister Robin Cook hatte Tony Blairs Vertrauen genossen, doch die Differenzen über den Irak-Krieg führten zu Cooks Rücktritt. Clare Short, die als Ministerin für die britische Entwicklungshilfe zuständig war, trat im März 2003 zurück. Sie lehnte Kriegshandlungen gegen den Irak entschieden ab, weil der UN-Sicherheitsrat den Angriff nicht gebilligt hatte und folglich die internationale Unterstützung fehlte.

48 000 britische Soldaten zogen in den Irak, ein Drittel der gesamten Armee. Als die Kontrolleure auch nach der Okkupation keine Massenvernichtungswaffen fanden, wurde Blairs Regierung vorgeworfen, geheimdienstliche Informationen gefälscht zu haben. Nach dem Irak-Krieg, der immer miserabler verlief, äußerten in einer Umfrage im Mai 2006 nur noch sechsundzwanzig Prozent Zufriedenheit mit Blair. 2007 trat er zurück.

Diejenige von George W. Bush gilt als eine der schlechtesten Präsidentschaften aller Zeiten. Auch Bush verspielte seinen Moment. Zur Zeit des Terroranschlags gegen die Vereinigten Staaten und der Zerstörung des World Trade Center lag sein Beliebtheitsgrad bei fast neunzig Prozent. Selbst die renommierte französische Zeitung *Le Monde* schrieb am Tag nach den Anschlägen: «Wir alle sind Amerikaner.» Den Vereinigten Staaten galt die allgemeine Sympathie.

Bush und seine Administration beschlossen jedoch, die Rolle des Weltpolizisten zu übernehmen: Nahezu gleichzeitig wurden Afghanistan und der Irak angegriffen, und Folter wurde gestattet. Der «Krieg gegen den Terrorismus» misslang, und Bush geriet weltweit in Misskredit. Er hatte seine Autorität erheblich überschätzt. In einer Umfrage der Zeitschrift *Foreign Policy* im Herbst 2009 vertrat die Mehrheit der außenpolitischen Experten die Ansicht, dass die Welt für die Vereinigten Staaten gefährlicher geworden war – das Gegenteil dessen, was mit dem Krieg gegen den Terrorismus erreicht werden sollte. In eine ähnliche Situation geriet der russische Präsident Wladimir Putin im Jahr 2014. Die Krise in der Ukraine führte zu einem erstarrten Konflikt und zu extrem angespannten Beziehungen zwischen Russland und den westlichen Ländern. Der russischen Rhetorik zufolge hatte Putin definitiv keinen einzigen Fehler gemacht; Fehler waren nur außerhalb der russischen Grenzen begangen worden.

Niemand ist perfekt, deshalb braucht jeder neben seiner eigenen auch andere Meinungen. Ein Mensch, der sich immer im Recht wähnt, ist unglaubwürdiger als jemand, der Irrtümer zugibt. Giovanni della Casa beklagt in seinem Benimmbuch aus dem Jahr 1558 den fanatischen Wunsch der Menschen, immer recht zu haben. Jeder will eine Debatte gewinnen und fürchtet sich vor Niederlagen im bewaffneten ebenso wie im verbalen Schlagabtausch. Della Casa und andere Verfasser von Benimmbüchern nach ihm rieten, sich bescheiden und nachgiebig auszudrücken, um seine Ziele zu erreichen.

Paul Nutt von der Universität Ohio untersuchte über mehrere Jahrzehnte hinweg Hunderte von Organisationen, um festzustellen, warum einige geschäftlich erfolglos waren. Ein Drittel der Misserfolge war darauf zurückzuführen, dass die Direktoren zu egozentrisch handelten. Mehr als sechzig Prozent von ihnen prüften keine Alternativen. Über achtzig Prozent setzten ihre Beschlüsse entweder aufgrund ihrer Machtposition oder mit Mitteln der Überredung durch statt mit dem Eigenwert der Idee.

Gleichgültigkeit gegenüber den Meinungen anderer führt unausweichlich zu Verlusten. Besonders irritierend ist verschleierte Indifferenz. So werden etwa Mitarbeiter nach ihrer Meinung gefragt, obwohl die Entscheidung bereits gefallen ist. Unternehmen brauchen nicht nach demokratischen Prinzipien zu arbeiten, doch wenn sie sich demokratisch geben, ohne es tatsächlich zu sein, wird die Moral unwiderruflich untergraben.

Bis heute sehen weder Blair noch Bush irgendeinen Fehler in ihrer Irak-Politik. Offenbar ist das Eingeständnis von Fehlern für Staatsoberhäupter tabu. In der internationalen Politik scheinen dieselben Gesetze zu herrschen wie im Sandkasten: Schuld sind immer die anderen.

FEHLERLOSIGKEIT

Im Jahr 1073 wurde ein Mönch namens Hildebrand zum Papst gewählt. Er nahm den Namen Gregorius VII. an. Hildebrand litt nicht unter übermäßiger Bescheidenheit. Er fasste seine Ziele in kurzen Sätzen zusammen, die später als *Dictatus Papae*, als Diktat des Papstes, bekannt wurden. In seinen Diktaten erklärt Hildebrand unter anderem, dass nur der Bischof von Rom (also er selbst) als universal gelten kann, dass alle Fürsten sich vor ihm verneigen und ihm die Füße küssen müssen und dass ihn niemand verurteilen kann. Des Weiteren stellt er fest, die römische Kirche habe sich nie geirrt und werde sich auch in der Zukunft und in der Ewigkeit nicht irren.

Einen Irrtum gibt kaum jemand gern zu. Umso lieber

streicht man die Fehler anderer heraus. Unter den finnischen Autofahrern gibt es viele Seelenverwandte Hildebrands.

In Nordeuropa setzt man die Hupe nicht ein, um andere Autofahrer zu warnen, sondern um sie auf ihre Fehler hinzuweisen. Das Weltbild des nordeuropäischen Autofahrers beruht auf der festen Überzeugung, dass die anderen mehr falsch machen als *ich*. Es ist unverzeihlich, wenn jemand an der Ampel zu langsam anfährt. Entsprechendes gilt für Radfahrer und Nordic Walker, denen der Tag verdorben ist, wenn ihnen ein irrendes Wesen auf der falschen Spur begegnet. Solche Situationen verlangen grundsätzlich eine möglichst barsche und aggressive Zurechtweisung.

Ein auf fehlerfreier Leistung beruhender – im Ingenieursjargon «optimaler» – Lebensstil ist ernsthaft, denn die Welt ist in der Tat voller Fehler, und das ist nicht zum Lachen. Überheblichkeit verträgt sich nicht mit Sinn für Humor, denn dieser setzt Selbstironie voraus.

Und doch ist niemand fehlerlos. Auch die natürliche Auslese beruht auf Anpassung, die aus Fehlern entsteht. Fehlerlosigkeit ist also geradezu unnatürlich. Dennoch will man das Auftreten von Fehlern nicht zugeben.

Eine Untersuchung über die Erfahrungen europäischer Arbeitnehmer mit ihren Vorgesetzten, die 2009 von der Consultingfirma Krauthammer durchgeführt wurde, zeigte, dass der größte Mangel der europäischen Chefs die Unfähigkeit ist, eigene Fehler einzugestehen. Vier von fünf Europäern würden sich wünschen, dass die Führungskräfte zu ihren Patzern stehen. Der Mitarbeiterbefragung zufolge gibt weniger als die Hälfte der europäischen Vorgesetzten Fehler zu.

Auch in den Jahresberichten der Unternehmen spiegelt sich dieses Ethos der Unfehlbarkeit. Ein gutes Ergebnis beruht auf der Leistung der Organisation. Fällt das Ergebnis schlecht aus, wird es mit konjunkturellen und anderen äußeren Faktoren begründet. Nach Ansicht von Matthew Hayward ist übergroßes Selbstvertrauen die Untugend der Unternehmensleiter: Sie übertreiben ihre Fähigkeiten und bagatellisieren ihre Schwächen. Der Werbeguru Al Ries behauptet, er habe in seiner Laufbahn nie erlebt, dass ein Unternehmensleiter Fehler zugegeben hätte. Nie.

Im Jahr 1368 kam in China ein Herr namens Zhu Yuanzhang an die Macht. Der Begründer der Ming-Dynastie gab sich einen neuen Namen und hieß fortan «Hongwu». Hongwu bedeutet «militärisch allmächtig». Hongwus bedingungsloser und hochmütiger Führungsstil schuf das Fundament für die ablehnende Haltung der Ming-Dynastie gegenüber der Außenwelt. Hongwu ertrug keinerlei Kritik. Ratgeber, die ihn kritisierten, wurden per Gesetz mit dem Tode bestraft.

Der Kaiser fürchtete auch Aufständische und Revolutionäre. Viele Beamte wurden zum Tod verurteilt, weil Hongwu sie verdächtigte, in die Denkschriften, die den Kaiser preisen sollten, despektierliche Wortspiele eingefügt zu haben. Es gab Worte, die nicht verwendet werden durften, weil sie auf die Vorfahren des Kaisers hinwiesen. In Anwesenheit des Kaisers mussten sich zudem alle im Laufschritt bewegen. Im Jahr 1380 hegte Hongwu den Verdacht, dass sein Ministerpräsident gegen ihn intrigierte. Er ließ nicht nur den Ministerpräsidenten köpfen, sondern auch seine ganze Familie und alle, die Kontakt mit ihm gehabt hatten. Die Bilanz belief sich auf 40 000 abgeschlagene Köpfe.

Hongwu ist ein Extrembeispiel für durch Macht ausgelösten Wahnsinn. Unter den Philosophen der Antike äußerte sich vor allem Philodemos – nicht ohne Grund – zynisch über die Tugend der Aufrichtigkeit. Politiker und andere Personen der Öffentlichkeit gieren nach Ruhm. Das macht sie empfänglich für Schmeicheleien und allergisch gegen

Kritik. Deshalb vermuten Berühmtheiten hinter jeder kritischen Äußerung unsaubere Motive. Angeblich sind alle anderen neidisch auf ihren Ruhm.

Ein geradezu lehrbuchmäßiges Beispiel für einen Mann, der keinerlei Kritik erträgt, liefert in Finnland Kaj-Erik Relander, der ehemalige Geschäftsführer des Teleanbieters Sonera, der in den 1990er Jahren als fortschrittlichstes Unternehmen der Branche galt. Relander schlug alle Warnungen in den Wind und verschleuderte mehr als vier Milliarden Euro. Als der Aktienkurs günstig war, kauften die Schweden das einstige Kronjuwel der finnischen Telebranche.

1992 wurde das GSM-Netz der Telecom Finland als eins der ersten weltweit eröffnet. Ein Jahr darauf verlor es das Monopol auf Auslandsgespräche, und ein harter Wettkampf setzte ein. Sonera internationalisierte sich und wurde Teilhaber von Teleoperatoren unter anderem in Ungarn, der Türkei und den baltischen Staaten. In der zweiten Hälfte der 1990er war Sonera ein ungemein hochentwickelter Mobiltelefonoperator. Nicht ohne Grund bezeichnete sich das Unternehmen als «Schöpfer einer neuen Ordnung». Dann ging etwas schief. Die Unternehmensführung verkündete, Sonera werde global zum führenden Teleoperator werden und unendlich viele neue Dienstleistungen anbieten. Der Wert der Sonera-Aktien stieg im März 2000 auf mehr als 422 Milliarden Finnmark und näherte sich damit dem Wert von Pepsi-Cola.

Die Sonera-Leitung verlor den Realitätssinn und schlug die Warnungen des Aufsichtsrats in den Wind. Relander traf ausgesprochen riskante Investitionsentscheidungen. Sonera ging auf die Jagd nach Konzessionen für das Handynetz der neuen Generation in Deutschland und Italien. Diese wurden versteigert, und Sonera zahlte eine unfassbare Summe.

Relanders Führungsstil verdarb das Arbeitsklima bei Sonera. Er akzeptierte keine abweichenden Meinungen, weshalb viele Könner das Unternehmen verließen, wie in dem bereits zum Klassiker gewordenen Buch *Miten hävisivät Soneran miljardit* (*Wie Soneras Milliarden verschwanden*) nachzulesen ist. Wegen der harten Kritik, die in diesem Buch geäußert wird, verklagte Relander selbstverständlich den Verlag. Der Autor verbarg sich hinter dem Pseudonym «Pelle Peloton» (Daniel Düsentrieb), und seine wahre Identität ist offiziell bis heute unbekannt.

Als Geschäftsführer von Sonera war Relander nur knapp sechs Monate aktiv, dann brachen die Finanzen des Unternehmens zusammen. Für die UMTS-Investitionen wurden insgesamt fast 4,3 Milliarden Euro abgeschrieben. Der Wert der Konzession für das Mobiltelefonnetz der dritten Generation in Deutschland und Italien wurde in der Bilanz von Sonera mit null beziffert.

Im März 2002 gaben Telia und Sonera ihre Fusion bekannt. Der schwedische Staat erhielt fünfundvierzig Prozent des neuen Unternehmens, der finnische Staat neunzehn Prozent. Viele waren der Ansicht, die Schweden hätten Sonera halb umsonst bekommen. Im Jahr 2000 hatte Sonera im Spitzenunternehmen-Ranking der Zeitung *Taloussanomat* (Wirtschaftszeitung) gleich hinter Nokia den zweiten Rang belegt. Im folgenden Jahr wurde die Firma im selben Ranking zu dem am wenigsten geschätzten Unternehmen Finnlands gekürt. Im Jahr 2005 wurde Relander wegen zweifacher grober Verletzung des Kommunikationsgeheimnisses zu sechs Monaten Haft auf Bewährung verurteilt.

Auch in der Zeit von Martin Eisner als Generaldirektor von Disney wechselten viele begabte Mitarbeiter den Arbeitsplatz. Eisner feuerte gnadenlos jeden, der seine Tätigkeit in Frage zu stellen versuchte.

Eisners Persönlichkeit wird als komplex beschrieben. Er war intelligent, charmant und effektiv. Diese Eigenschaften mehrten seine Macht, verdrehten ihm aber letztlich den

Kopf. In zunehmendem Maß betrachtete er sich als identisch mit dem Disney-Konzern. Er war ständig misstrauisch und unfähig, Aufgaben zu delegieren. Seine Beschlüsse waren impulsiv. Er respektierte keine Hierarchien außer seiner eigenen, die Position anderer war bedeutungslos. Eisner brachte die anderen Direktoren dazu, miteinander zu konkurrieren, und förderte eine Atmosphäre, in der Spionage und üble Nachrede Alltag waren. Er gönnte niemandem Anerkennung für seine Arbeit. Obwohl fast jeder Disney-Film in Michael Eisners Zeit als Generaldirektor erfolgreich war, belohnte er seine Teams nicht. Wenn der Ertrag eines Films sank, halbierte er den Bonus, was begabte Filmemacher demoralisierte.

Relander und Eisner erinnern an Herrscher aus Shakespeares Schauspielen, an Herrscher wie Macbeth, Lear, Heinrich IV., Richard II. und Richard III. In diesen Stücken formt der Herrscher die gesamte Organisation nach seinem Willen, und die Wahrheit wird diesem Bestreben angepasst und untergeordnet.

Die Allergie gegen Kritik oder abweichende Meinungen zeigt, dass das Auftreten von Fehlern immer peinlich ist. Es stürzt jeden in Verlegenheit, weil ein Fehler uns an unsere menschlichen Schwächen erinnert. So oft man auch Banalitäten wie «Man lernt aus seinen Fehlern» oder «Irren ist menschlich» herunterbetet, in der Praxis empfinden die westliche Zivilisation mit ihrer Verherrlichung von Kompetenz und Sachkenntnis und die von ihr gehätschelten Expertenorganisationen Fehler als katastrophal.

Der erfahrene Bergsteiger Jon Krakauer beschreibt in seinem Buch *Into Thin Air*, wie gefährlich es ist, unter Extrembedingungen seine Mängel und Schwächen zu verschweigen. Die Sherpas verdienen im Himalaja nicht schlecht daran, die Ausrüstung westlicher Bergsteiger hochzutragen. Krakauer zufolge ist die Sherpa-Kultur jedoch von Machismus gefärbt, was dazu führt, dass die Männer äußerst ungern physische Schwächen eingestehen. Die westlichen Bergsteiger wiederum rechnen nicht damit, dass Sherpas von der Höhenkrankheit befallen werden. Diejenigen, die erkranken und es offen zugeben, geraten häufig auf die schwarze Liste und werden von den Expeditionen nicht mehr beschäftigt. Unsere zu fehlerlosen Leistungen anspornende Kultur bestraft mit anderen Worten Schwäche, was dazu führt, dass Offenheit und Ehrlichkeit gemieden werden.

Die Katastrophe der Nasa-Raumfähre Challenger war im Grunde das Ergebnis einer überkritischen Organisationskultur. Der Start fand am 28. Januar 1986 statt, und der Flug endete mit der Zerstörung der Fähre und dem Tod der Besatzung. Bei der Untersuchung des Unglücks wurde festgestellt, dass etwa achtundfünfzig Sekunden nach dem Start in der linken seitlichen Feststoffrakete, dem Booster, eine Flamme aufgezüngelt war. Der O-Ring an der Feststoffrakete hatte versagt, und die Funkendusche schwächte die Verbindung zwischen dem Booster und dem Außentank. Dies hatte zur Folge, dass sich die Verankerung, die der Flamme am nächsten war, löste und die Feststoffrakete an den verbliebenen Verankerungen schaukelte. Sie traf den Außentank, der etwa dreiundsiebzig Sekunden nach dem Start riss. Die Raumfähre wurde zum Feuerball.

Das Problem der O-Ringe war vor dem verhängnisvollen Start bekannt. Die Ingenieure hatten Schwächen an den Dichtungsringen bemerkt, doch ihnen fehlten die Zeit und die Ressourcen für gründliche Tests. Die Forscher mussten sich mit annähernden Daten begnügen. Sie waren überzeugt, dass die O-Ringe Probleme verursachen konnten, doch das Beweismaterial war zu schwach für ihre kritischen Kollegen. Wenn sie ihre Behauptungen nicht hundertprozentig untermauern konnten, mussten sie mit heftiger Kritik rechnen: Sie seien nicht gründlich genug vorgegangen, sie würden den Start grundlos verzögern und eine Autorität anzweifeln, die besser im Bilde sein musste. Deshalb wagten die Forscher nicht, ihre Bedenken offen auszusprechen. Wegen des knappen Zeitplans und des politischen Drucks wurde die Challenger auf ihre Umlaufbahn geschickt – mit verheerenden Folgen.

Kollektiver Druck ist oft gewaltig. Es erfordert starkes Selbstbewusstsein und Mut, Meinungen zu äußern, die der herrschenden Auffassung widersprechen.

In den Vereinigten Staaten kam Anfang der 1960er Jahre ein neues, hochwirksames Schmerzmittel auf den Markt. In Europa wurde es bereits verkauft und war in vielen Ländern erfolgreich. Dem pharmazeutischen Unternehmen Chemie Grünenthal lag viel daran, Zugang zum großen amerikanischen Markt zu bekommen. Das Medikament wurde in Europa gegen Kopfschmerzen und vor allem als Schlafmittel für Schwangere verschrieben. Die amerikanischen Wiederverkäufer waren bereits ausgewählt, und die Werbekampagnen geplant. Frances Oldham Kelsey, eine junge Wissenschaftlerin bei der Food and Drug Administration, der Lebensmittelüberwachungs- und Arzneimittelzulassungsbehörde der USA, war jedoch nicht überzeugt. Ihrer Meinung nach waren weitere Tests notwendig. Kelsey wurde von dem Pharmazieunternehmen unter Druck gesetzt und mit einer Klage bedroht, hielt aber an ihrem Standpunkt fest.

Im April 1961 fiel dem australischen Frauenarzt William McBride auf, dass drei kurz nacheinander geborene Säuglinge an Missbildungen der Gliedmaßen und des Darms litten. Bald darauf stellte er fest, dass die Mütter das Thalidomid-Präparat von Grünenthal eingenommen hatten. Allmählich wurden entsprechende Fälle aus anderen Ländern bekannt. Es stellte sich heraus, dass das Schmerzmittel Thalidomid gefährliche Nebenwirkungen auf Embryos hatte. McBrides Warnungen wurden jedoch nicht ernst genommen. Die Firma Distillers weigerte sich, das Medikament aus dem Verkauf zu ziehen, weil sie keinen schriftlichen Bericht von McBride erhalten hatte. Es wurde weiterhin für das Präparat geworben. Am 16. November rief der deutsche Arzt Widukund Lenz bei Grünenthal an und warnte eindringlich vor den Gefahren des Medikaments. Dennoch vergingen weitere zehn Tage, bevor es aus dem Verkehr gezogen wurde.

Im Jahr 1962 kamen in Europa Tausende Kinder zur Welt, deren Gliedmaßen missgebildet waren oder ganz fehlten. Frances Kelseys Halsstarrigkeit sicherte Zehntausenden amerikanischer Kinder Gesundheit und ein normales Leben. Sie wurde später mit einem Orden ausgezeichnet.

Selbst nach diesem Skandal weigerte sich die pharmazeutische Industrie, Fehler zuzugeben – geschweige denn, die Opfer zu entschädigen. Und die zynische Tradition, Fehler zu leugnen, scheint fortzuleben.

Das Schmerzmittel Vioxx war fünf Jahre lang auf dem Markt. In dieser Zeit brachte es mehr als hunderttausend Menschen Gesundheitsschäden oder den Tod. Als Vioxx im Herbst 2004 aus dem Verkauf gezogen wurde, stand nach den Berechnungen der amerikanischen Arzneimittelbehörde noch rund 27 000 Menschen ein durch das Medikament hervorgerufener Herztod bevor.

Die Wirkung von entzündungshemmenden Schmerzmitteln beruht darauf, dass die Tätigkeit des Cyclo-Oxygenase-Enzyms (COX) blockiert wird. Im Vergleich zu einem anderen COX-2-Hemmer, Naproxin, verursachte Rofecoxib, der Wirkstoff von Vioxx, doppelt so viele Herzinfarkte. Dieses Forschungsergebnis der Arbeitsgruppe von Dr. David Graham wurde auf einem Pharmakoepidemiologiekongress in Bordeaux präsentiert. Merck, der Hersteller von Vioxx, wies jeden Verdacht zurück. Im März 2000 warnte Edward Skolnick, der Forschungsleiter von Merck, seine Kollegen vor Herzinfarkten und erklärte, die Ergebnisse seien «beschämend». Dennoch verlautbarte Merck öffentlich, es gebe keine Verbindung zwischen der Einnahme von Vioxx und Herzinfarkten. Im August veröffentlichte die FDA, die Lebensmittelüberwachungs- und Arzneimittelzulassungsbehörde der USA, Statistiken, wonach die Einnahme von Vioxx das Infarktrisiko verdreifachte. In einer Pressemitteilung widersprach Merck vehement.

Während der gesamten Existenz von Vioxx hatte Merck Wissenschaftler stark unter Druck gesetzt, um die Veröffentlichung kritischer Untersuchungen zu verhindern. Louis Sherwood, der Geschäftsführer des Unternehmens, drohte Kritikern, ihre Karriere gerate in Gefahr. Joan-Ramon Laporte, Professor am Pharmakologischen Institut von Katalonien, wurde verklagt, nachdem er 2002 in einem Artikel Rofecoxib kritisiert hatte. Auch Professor Gurkipal Singh von der Universität Stanford und sein Kollege James Fries wurden von Sherwood unter Druck gesetzt. Sherwood drohte, er könne Einfluss auf Singhs Karriere und auf die Finanzierung der Universität Stanford nehmen. Der Kardiologe Eric Topol von der Cleveland Clinic wurde entlassen, nachdem der Geschäftsführer von Merck ihn in einem Brief an den Verwaltungsrat der Klinik kritisiert hatte.

Schließlich musste Merck den Fehler zugeben. Das Medikament wurde vom Markt genommen. Ende 2004 hatte Merck ein Drittel seines Aktienwerts verloren. Der Kurs blieb in den nächsten drei Jahren schlecht.

Mutige Menschen wie Kelsey und Singh haben zu allen Zeiten auf die Rechte der Menschen, auf die Gesetzgebung und die Moral Einfluss genommen. Sie wurden stets unter Druck gesetzt, damit sie ihre Meinung änderten.

Whistleblower werden gedrängt, ihre Vorwürfe zurückzunehmen. Gleichzeitig werden sie selbst beschuldigt – eine typische Störungstaktik, mit der man Kritiker in die Defensive zwingt. Als Smith Dharmasaroja, Meteorologe am thailändischen meteorologischen Institut, 1998 vor der Gefahr eines Tsunami warnte, wurde er entlassen. Seiner Aussage nach war er ständig kritisiert und unter anderem als «verrückter Hund» beschimpft worden. Einige Regierungsbeamte warfen Dharmasaroja vor, er wolle den thailändischen Tourismus zerstören.

Der Organisationspsychologe Marc Gerstein konstatiert, dass Whistleblower in aller Regel bewusst behindert werden. Warnungen werden als illoyal empfunden, und die Warner werden härter bestraft als die Missetäter. Einer Untersuchung zufolge werden sechzig Prozent entlassen und zwanzig Prozent in einem anderen Aufgabenbereich eingesetzt.

Häufig führt gerade Erfahrung zu Unfällen: Wir überschätzen uns, wir haben etwas so oft getan, dass wir unsere Fähigkeiten für selbstverständlich halten.

In Hawaii gibt es schöne Korallenbänke, doch die Urlauber machen sich nicht klar, dass das Meer dahinter mehr als drei Kilometer tief ist. Der größte Teil der Wassermasse einer Welle liegt unter der Oberfläche, sie kommt aus der Tiefe und reißt alles mit sich. Als Chuck Blay Fälle von Ertrinken auf Hawaii untersuchte, stellte er fest, dass fünfundsiebzig Prozent der Ertrunkenen Touristen und davon neunzig Prozent Männer zwischen vierzig und fünfzig Jahren waren. Zu Opfern wurden gerade diejenigen, die Lebenserfahrung und Kraft besaßen – und deshalb eine trügerische Selbstsicherheit.

Viele Bergsteiger kommen am Berg ums Leben. In Anbetracht der Art ihrer Tätigkeit ist dies natürlich verständlich, doch die meisten Unfälle ereignen sich an Bergen, die nicht zu den allergefährlichsten zählen. Erfahrung dämpft die Aufmerksamkeit. Viele Bergsteiger, die in Schwierigkeiten gerieten, hatten zuvor weitaus gefährlichere Gipfel bezwungen. Sie waren womöglich in den Anden oder im Himalaja gewesen, waren aber «in ihren Erfahrungen gefangen und deshalb über den wahren Charakter des Versuchs im Ungewissen», wie Laurence Gonzales schreibt. Meist geschieht nichts Schlimmes. Deshalb glauben die Bergsteiger, dass auch künftig nichts Schlimmes geschieht. Wenn nichts passiert, stumpfen wir ab und betrachten das Ganze als normal.

Laurence Gonzales hat die Überlebensstrategien und die Persönlichkeit von Menschen, die in Todesgefahr waren, untersucht. Diejenigen, die in Krisensituationen nicht überlebten, hatten Gonzales zufolge dazu geneigt, Risiken herunterzuspielen. Die Unterschätzung von Gefahren ist eine Folge übertriebener Selbstsicherheit, die sich sowohl auf unsere eigenen Fähigkeiten beziehen kann als auch auf die Technik, die wir einsetzen. Bei der Einführung der ABS-Bremsen glaubten die Behörden, die Unfallzahlen würden sinken, doch das Gegenteil war der Fall. Die Menschen meinten, mit ABS-System sei ihr Wagen erheblich sicherer, und fuhren deshalb aggressiver. Vermessenheit regiert. Als in der Handelsmarine Radar eingeführt wurde, glaubte man, dass Schiffskollisionen künftig vermieden würden. Es kam anders. Die Radargeräte führten dazu, dass die Schiffseigner ihre Kapitäne anhielten, schneller zu fahren als zuvor.

Gonzales hebt die Theorie vom Gleichgewicht der Risiken hervor. Dieser Theorie zufolge akzeptieren die Menschen eine bestimmte Risikoebene. Diese Ebene ist bei jedem Einzelnen unterschiedlich hoch, aber in der Regel ist jeder bereit, ein gewisses Risiko zu akzeptieren. Wenn man merkt, dass die tatsächlichen Gegebenheiten weit unter der persönlichen Risikoebene liegen, geht man größere Risiken ein. Liegen sie über der akzeptierten Ebene, verringert man die Risiken. Die Regel lautet also: Wenn dir etwas zweifelhaft erscheint, tu es nicht.

Als die Firma Airbus ihren neuen Jumbojet vorstellte, jubelte die Presse. Danach kamen viele technische Fehler ans

Licht, und der Direktor des Unternehmens musste zurücktreten. Doch trotz der peinlichen Verzögerungen hörte man in diesem Fall auf die Ingenieure. Die Fehler wurden offen erörtert und korrigiert. Airbus ist ein eindrucksvolles Beispiel für eine Organisation, die ihre Planungsfehler nicht vertuschte. Das Unternehmen verlor seinen Ruf vielleicht vorübergehend, aber nicht für immer. Kein Jumbo stürzte vollbeladen ab. Airbus ging als Sieger aus der Krise hervor, weil die Risiken nicht unterschätzt wurden.

BAGATELLISIEREN

Nichts ist gefährlicher als die Unterschätzung des Gegners. Die Briten erlitten in ihren Kämpfen gegen die Buren viele Niederlagen. Dennoch weigerten sich ihre Befehlshaber zu glauben, dass die Buren fähig seien, ernsthaft zu kämpfen. Ein Bericht des Verwaltungsleiters von General Colley aus dem Jahr 1879 beschreibt die Buren als «elende Feiglinge, die zu keinerlei militärischem Zusammenwirken fähig sind». Obwohl Colley jede Schlacht gegen die Buren verlor, lernte er nichts dazu. In Laing's Nek verloren Colleys Truppen erneut einen Kampf nach dem anderen. Eine perfekte Chance zur Überrumpelung verspielte Colley, indem er seinen Männern erlaubte, zu lärmen und die Buren zu verspotten. Die Buren nahmen Deckung und schossen die stolzen Briten einen nach dem anderen ab. Diese gerieten in Panik. Eine Schar von Burenjungen und Freiwilligen trieb 554 britische Soldaten in die Flucht.

Die Niederlage Frankreichs in der Schlacht von Dien Bien Phu in Vietnam 1954 ist ein klassisches Beispiel für die Arroganz der Franzosen. Die in Europa ausgebildeten Kommandanten glaubten an ihre technische Überlegenheit. Die Franzosen bezeichneten den Befehlshaber der Vietminh, General Vo Nguyen Giap, als Amateur und «Unteroffizier, der übt, Regimenter zu befehlen». General Henri Navarre hielt den Kampf gegen Giaps Truppen für eine Farce.

Navarre wählte den Stützpunkt Dien Bien Phu als Ausgangspunkt der Kampfhandlungen. Sein Mitarbeiter General Cogny warnte ihn, der in einem Tal gelegene Stützpunkt sei ein «Fleischwolf» für die französischen Truppen. Navarre wies dieses negative Denken zurück und bestand darauf, die französischen Streitkräfte in Dien Bien Phu zu konzentrieren, um Giap zum Angriff zu zwingen. Dabei hätte Navarre erkennen müssen, dass seine Truppen so vollständig isoliert werden konnten, dass Nachschub nur auf dem Luftweg geliefert werden konnte. Die Partisanenarmee der Vietminh setzte alle Kräfte für den Transport des Truppenbedarfs ein und überraschte die Franzosen. Giaps Soldaten versorgten die rund um Dien Bien Phu versammelte Truppe, die mit 50 000 Mann viermal so stark war wie die der Franzosen. Drei Monate lang führten die Vietnamesen keinen Angriff. Die Abhängigkeit von der Versorgung auf dem Luftweg führte dazu, dass sich die Schlinge um die Franzosen unaufhaltsam zuzog. Schließlich erlitten die französischen Berufssoldaten eine vernichtende Niederlage gegen den von ihnen verachteten vietnamesischen General. Die Eroberung von Dien Bien Phu bedeutete praktisch das Ende des Indochina-Krieges.

Die Fähigkeit der vietnamesischen Partisanen, ihr Land gegen die französische Berufsarmee zu verteidigen, machte auf die Amerikaner keinen Eindruck. Nach Ansicht der Historikerin Barbara Tuchman ist dies eine der größten Merkwürdigkeiten in der Geschichte. Als David Schoenbrun, ein Reporter des Fernsehsenders CBS, Präsident Kennedy an die Niederlage der Franzosen erinnerte, erwiderte

Kennedy, die Franzosen hätten für etwas Unedles gekämpft, für eine Kolonie, die Amerikaner dagegen kämpften für die Freiheit.

Im Krieg rächt sich Unterschätzung durch Niederlage und Tod. In der Wirtschaft macht sie sich im Geldbeutel bemerkbar.

Alain Levy, der Generaldirektor von EMI, witzelte 2002, EMI habe in Finnland neunundvierzig Künstler unter Vertrag, obwohl fraglich sei, ob es in Finnland neunundvierzig Menschen gebe, die singen konnten – eine typische überhebliche Bemerkung, bei der die eigene Unwissenheit in ein Bonmot umgewandelt wird.

Künstler, die nicht am Nabel der Welt leben, haben es schwer, Zugang zu den ausschlaggebenden Kreisen zu finden oder gar ernst genommen zu werden. Als der Manager Brian Epstein Anfang der 1960er Jahre versuchte, den Plattenfirmen in London eine Band aus Liverpool, die Beatles, zu verkaufen, wurde die Band als hoffnungslos provinziell, grob und vulgär diffamiert.

Am Neujahrstag 1962 machten die Beatles eine Probeaufnahme für die Firma Decca. Am Vortag waren sie in neunstündiger Fahrt aus Liverpool angereist. Der Geschäftsführer der Decca, Dick Rowe, sollte sie sich live anhören, aber es regnete und er war schlecht gelaunt. Er traf die Band nicht; er und sein Verkaufschef Sidney Beecher-Stevens nahmen sie nicht in ihren Stall auf, weil – wie die bereits klassisch gewordene Begründung lautete – «Gitarrenbands aus der Mode kommen». Sie erklärten Brian Epstein nachdrücklich, sie seien alte Hasen und wüssten, dass die Beatles nie erfolgreich sein würden. Epstein solle am besten seinen netten kleinen Laden in Liverpool weiterführen.

Anstelle der Beatles wählte Dick Rowe eine Band namens Brian Poole and the Tremeloes. Im Mai schloss George Martin von EMI einen Vertrag mit den Beatles, und damit war der Weg frei für die Band, die weltweit die meisten Platten verkaufen sollte.

Man behauptet, Rowe habe daraufhin beschlossen, die nächste Gitarrenband, die ihm angeboten würde, unter Vertrag zu nehmen. Zu seinem Glück handelte es sich um die Rolling Stones – der Tipp stammte von George Harrison.

Der Schriftsteller Stephen King klopfte seinerzeit bei dreißig Verlagen an. Ein Verlag lehnte seinen Roman *Carrie* mit der Begründung ab, es bestehe kein Interesse an «Science Fiction, die negative Utopien behandelt. So etwas verkauft sich einfach nicht.» Schließlich beschloss der Verlag Doubleday 1974, den Roman zu veröffentlichen. Innerhalb eines Jahres wurde mehr als eine Million Exemplare verkauft.

J. K. Rowling bot ihr Manuskript *Harry Potter und der Stein der Weisen* neun Verlagen an, die es ausnahmslos ablehnten; dann zeigte der Verlag Bloomsbury, der gerade erst eine Abteilung für Kinder- und Jugendliteratur gegründet hatte, Interesse. Auch die irische Band U2 offerierte ihre Demoaufnahmen zahlreichen Plattenfirmen, bevor Chris Blackwell, der Geschäftsführer von Island Records, die Originalität der Band erkannte. Blackwell, der in Irland geboren war und auf Jamaika gewohnt hatte, hatte sich bereits mit der Veröffentlichung der Platten von Bob Marley hervorgetan.

Für solche Erfolgsgeschichten braucht es oft kleine, vorurteilslose Unternehmen, die Künstler nicht mechanisch in Schubladen ordnen und abstempeln, ohne sich mit ihren Werken vertraut zu machen.

Die Experten der Verlage und Plattenfirmen sind oft eher Pförtner als Talentsucher. Natürlich könnte man mit Manuskripten und Demobändern den Ganges eindämmen und Bangladesh vor den alljährlichen Überschwemmungen bewahren, aber nicht selten verhindert Berufserfahrung auch das Erkennen neuer Trends. Wenn für die Entscheidung gelangweilte und aufgrund ihrer Erfahrung allzu selbstsichere Direktoren zuständig sind, fehlt häufig der Riecher für neue Erfindungen und Ideen.

LEUGNEN

Selbstvertrauen ist natürlich gut, sofern es auf den richtigen Kriterien beruht. Der Mensch neigt jedoch dazu, Dinge zu bagatellisieren, die nicht seiner Auffassung von der Wirklichkeit und vor allem von ihm selbst entsprechen.

Das College Board führte in den 1970er Jahren in den Vereinigten Staaten eine Untersuchung durch, bei der das Selbstbild von einer Million Studierenden eruiert wurde. Siebzig Prozent von ihnen glaubten, ihre Führungsqualitäten seien überdurchschnittlich gut; nur zwei Prozent hielten sich für schlechter als der Durchschnitt. Sechzig Prozent schätzten ihre körperliche Fitness als überdurchschnittlich ein, nur sechs Prozent als unterdurchschnittlich. Sechzig Prozent rechneten sich zu der nur zehn Prozent umfassenden Spitzengruppe derjenigen, die mit allen Menschen auskommen.

Die hohen Punkte, die die Studierenden sich selbst gaben, könnte man natürlich auf das Konto jugendlicher Prahlerei schreiben. Allerdings schien das Alter das Selbstvertrauen noch zu steigern: Vierundneunzig Prozent der Professoren hielten sich für überdurchschnittlich gute Lehrer.

Der Psychologe Leon Festinger führte den Begriff der kognitiven Dissonanz ein, der besagt, dass Menschen Informationen, die im Widerspruch zu ihrem Weltbild stehen, nicht aufnehmen. Wir filtern die Informationen zweckorientiert, denn positive Aussagen über unsere Leistungen und Fähigkeiten bereiten uns Befriedigung, negative dagegen Qual. So gewinnen wir oft ein verzerrtes Bild von unserer Leistungsfähigkeit. Eine Methode, sich zu schützen, besteht darin, einfach sämtliche Kritik abzuwürgen.

Führungskräfte, die sich im Glanz der Medien sonnen, sind besonders allergisch gegen Kritik. Silvio Berlusconi fuhr als Ministerpräsident Italiens schwere Geschütze gegen die Presse auf. Ob es sich um eine einheimische oder eine ausländische Zeitung handelte, Berlusconi zerrte sie vor Gericht. Es genügte ihm nicht, das Fernsehen seines Landes im Griff zu haben, er wollte die absolute Macht über alles.

Der venezolanische Präsident Hugo Chávez trat bis 2009 jeden Sonntag vor die Kameras und sprach stundenlang über die Feinde Venezuelas. Im Januar 2010 ließ seine Regierung sechs Kabelsender schließen, weil sie sich nicht an das Gesetz gehalten hatten, wonach alle Fernsehsender die Reden des Präsidenten und die Wahlpropaganda der Regierung übertragen müssen.

Berlusconi und Chavez haben die Macht der Medien erkannt. Philip Tretiack zufolge sind Herrscher dieser Art dem Geschäftsführer einer Werbeagentur vergleichbar, die nur einen Kunden hat. Er wirbt nur für ein einziges Produkt, mit solcher Intensität, dass es schließlich anschwillt und die Seifenblase platzt.

Prominente Führungskräfte, deren Leistungen in der Presse hoch gelobt werden, sind nach Ansicht von Matthew Hayward besonders gefährlich. Da sie glauben, was über sie geschrieben wird, bilden sie sich in zunehmendem Maße ein, unschlagbar zu sein, was sie wiederum ermutigt, ihre eigenen Grenzen und diejenige ihrer Organisation auf die Probe zu stellen. Ihnen schwillt der Kopf. Im Extremfall kann es sogar zu kriminellen Handlungen kommen. Da die kognitive Dissonanz es erschwert, Handlungsweisen zu ändern, werden die Betreffenden Schritt für Schritt selbstsicherer. Schließlich platzt eine der geschwollenen Adern.

Jean-Marie Messier, der Geschäftsführer des französischen Medienimperiums Vivendi, brachte dem Unternehmen den unglaublichen Verlust von zwölf Milliarden Dollar ein. Messier hatte eine große Schar guter Berater, die ihn fortwährend warnten. Doch er weigerte sich, auf sie zu hören. Messier glaubte nicht, was man ihm sagte, sondern was man über ihn schrieb. In den Medien wurde er als Genie dargestellt. Er ging dazu über, mit dem Kürzel J6M zu unterschreiben: *Jean-Marie Messier, Moi-Même, Maître du Monde*, d. h. Jean-Marie Messier, Ich, der Herr der Welt.

Bis 1999 hatte die Führungsgruppe von Vivendi Messier geholfen und es gelegentlich geschafft, ihn am Abschluss ungünstiger Verträge zu hindern. Vivendi war gewachsen und florierte. Doch nachdem Messier den Alkoholgiganten Seagram gekauft hatte, hörte er nicht mehr auf die Führungsgruppe. Nahezu manisch kaufte er Unternehmen in der ganzen Welt. Er verließ sich darauf, dass der Aktienkurs steigen würde und die riesigen Schulden so getilgt werden konnten. Nach dem Kauf von Seagram hatte Vivendi bereits zwanzig Milliarden Dollar Schulden, und fast alle hielten die Lage für katastrophal. Im Juni 2002 hatte Vivendi achtzig Prozent seines Aktienwertes verloren, und Messier musste zurücktreten.

Das Abstreiten von Tatsachen ist nicht nur ein Problem prominenter Führungskräfte. Es begegnet sogar in wissenschaftlichen Gemeinschaften, die doch – zumindest in der Theorie – neuen Phänomenen vorurteilslos begegnen sollten. Die Wissenschaftsgeschichte kennt zahllose Märtyrer, die mit allzu revolutionären Thesen das Boot ins Wanken gebracht hatten. Auf der Müllhalde der verworfenen Theorien suchten Nikolaus Kopernikus, Galileo Galilei und Charles Darwin nach zusätzlichen Beweisen. Dort befand sich auch Giordano Bruno, der über außerirdisches Leben nachdachte. Edward Jenner, der die Schutzimpfung erfand, wurde dorthin verlacht. Dorthin geriet Alfred Wegener mit seiner Theorie von den Kontinentalplatten. Und es hat sich nichts geändert. Auf dieselbe Halde gerieten in den 1980er Jahren auch Barry Marshall und Robin Warren.

Der Australier Barry Marshall wies gemeinsam mit Robin Warren erstmals nach, dass verschiedene Mageninfektionen, wie Entzündung der Magenschleimhaut sowie Magen- und Zwölffingerdarmgeschwüre, durch Heliobakterien verursacht werden können. Bis dahin hatte man angenommen, ein Magengeschwür sei auf Stress, stark gewürzte Speisen und reichlichen Alkoholkonsum zurückzuführen.

Die Entdeckung der beiden Forscher war sensationell. Wenn die Krankheiten durch Bakterien verursacht wurden, konnte man sie heilen! Die Forschungsergebnisse von Marshall und Warren würden das Leben von mehreren hundert Millionen Menschen verbessern. Doch die beiden bekamen keinen Beifall. Man glaubte ihnen nicht. Erstens hielt man es für unmöglich, dass Bakterien im säurehaltigen Magen überleben konnten. Der zweite, vielleicht schwerwiegendere Umstand war der Hintergrund der beiden Forscher. Robin Warren war Pathologe an der Klinik von Perth, und Barry Marshall hatte noch nicht einmal promoviert. Das westaustralische Perth war als Forschungsstelle nicht glaubwürdig genug. Warren und Marshall konnten ihre Ergebnisse in keiner einzigen wissenschaftlichen Publikation veröffentlichen.

1984 verlor Marshall die Geduld. Er beschloss, ein dramatisches Experiment zu machen: Er trank eine Lösung, die eine Milliarde Helicobacter-pylori-Bakterien enthielt. Nach einigen Tagen bekam er starke Magenkrämpfe und Übelkeitsanfälle. Die Endoskopie zeigte, dass sein Magen vollkommen rot und entzündet war. Dann nahm Marshall Antibiotika – und wurde gesund. Auch nach diesem Experiment glaubte der Rest der Wissenschaftsgemeinschaft nicht an die Theorie von Marshall und Warren. Erst 1994 wurde die Behandlung von Magengeschwüren mit Antibiotika anerkannt. 2005 erhielten Marshall und Warren für ihre Untersuchung den Nobelpreis für Medizin.

Die Hirnforschung hat interessante Ergebnisse erbracht, die teilweise erklären, warum grenzenloses Selbstvertrauen und der Glaube an das von den eigenen Erfahrungen abgesteckte Weltbild so typische und immer wiederkehrende Erscheinungen sind. Die Ursache wurde im hinteren Teil des Stirnhirns verortet.

Die Neurowissenschaftler Jason Mitchell und Mahzarin Banaji wollten herausfinden, ob jeweils verschiedene Regionen im Gehirn aktiviert werden, wenn Menschen an Dinge denken, die sie für gleichartig oder aber für unterschiedlich halten. Zu diesem Zweck untersuchten die Wissenschaftler das Gehirn der Probanden mittels Magnetresonanztomographie. Die funktionelle Magnetresonanztomographie (fMRI) misst Veränderungen des Sauerstoffgehalts im Blut in den verschiedenen Teilen des Gehirns. Zur Lokalisierung der Veränderungen wird ein Magnetfeld geschaffen, das an jedem zu untersuchenden Punkt im Gehirn anders angelegt ist. Die Blutoxygenierung verändert sich, wenn der Untersuchte etwas tut, zum Beispiel Wörter liest oder Bilder betrachtet.

Die Forscher stellten fest, dass sich in der Mitte des Stirnhirns zwei auf Reize reagierende Gebiete finden, das eine weiter vorn, das andere weiter hinten. Sie zeigten den Probanden Fotos von zwei Menschen, die sie unterschiedlich charakterisierten. Der eine wurde als liberaler Künstler beschrieben, der andere als christlicher Fundamentalist. Der hintere Teil des Stirnhirns reagierte umso stärker, je fremdartiger die Gestalt auf dem Bild von dem Probanden empfunden wurde. Betrachtete er sie als ihm selbst ähnlich, reagierte der vordere Teil.

Die Vorderseite hat Einfluss auf unsere Einstellung zu Personen, von denen wir glauben, dass sie uns ähnlich sind. Den Forschern zufolge stützen diese Befunde die Auffassung, dass der Mensch aufgrund seiner eigenen Vorlieben Schlüsse über andere zieht. Das Wissen, das man sich angeeignet hat, entspricht nicht unbedingt den Tatsachen, doch man greift darauf zurück, wenn man andere einschätzt. Bei dem Versuch, Klarheit über andere Menschen zu gewinnen, nutzt man seine Erfahrungen selektiv. Nach Ansicht der Forscher erklärt dies die Entstehung von Stereotypen und Vorurteilen.

Der Wissenschaftler Kevin Dumber wiederum stellte fest, dass der mittlere Bereich des Gehirns sogar die Wissenschaft beeinflusst. Wenn ein Messergebnis nicht der Theorie entspricht, suchen wir den Fehler zuerst in der Messmethode, bevor wir die Theorie modifizieren.

Der dorsolaterale präfrontale Kortex (DLPFC) in der Mitte des Schädels ist bei jungen Menschen einer der am wenigsten entwickelten Teile des Gehirns. Er hat erhebliche Bedeutung, wenn wir Dinge abwehren, die uns zuwider sind, oder wenn wir uns gegen Gedanken sträuben, die nicht mit unseren vorgefassten Meinungen vereinbar sind. Wenn dieser Teil des Gehirns zerstört wird, kann der Mensch sich nur unter größter Anstrengung konzentrieren. Er ist nicht mehr fähig, für ihn unwesentliche Informationen herauszufiltern. Der DLPFC zensiert unsere Welt unablässig und filtert neue Informationen durch die bisherige Erfahrung. Junge Menschen sind vielleicht deshalb aufgeschlossener für Neues, weil in ihrem Gehirn weniger Erfahrungen gespeichert sind. Kinder sind von Natur aus unvoreingenommen. Vorurteile entwickeln sie erst, wenn sie sich die Einstellungen ihrer Eltern zu eigen machen.

Die Erfahrung lenkt uns also, im Guten wie im Schlechten. Aber die überhebliche Auffassung von der Vortrefflichkeit des eigenen Wissens führt immer zu falscher Gewissheit. Übermäßige Selbstsicherheit bedeutet, dass wir überschätzen, was wir zu leisten vermögen, wer wir sind und was wir vorhersehen können. Manchmal verwandelt sich Selbstsicherheit in Überheblichkeit, ohne dass man es gewahr wird. Dann sieht man unter Umständen im Äußeren, in den Angewohnheiten oder im Dialekt anderer Menschen ein Zeichen für ihre Dummheit. Obwohl Überheblichkeit sicherlich die überflüssigste aller Emotionen ist, fällt man ihr anheim, weil sie so bequem ist. Es handelt sich um geistige Trägheit, die der gleichen Logik folgt wie der Rassismus: Die Grundeinstellung ist die Geringschätzung des anderen schon vor der ersten Begegnung.

III   DER NABEL DER WELT

In diesem Kapitel wird berichtet,
warum das Römische Reich und das Reich
der Moguln zusammenbrachen,
wieso die Chinesen keinen Handel mit den Briten
treiben wollten und weshalb Französisch
nicht die meistgesprochene Sprache der Welt ist.

IM JUNI 2005 wurde Ugo Gabriele de Mohr, der italienische Botschafter in Finnland, vom finnischen Außenministerium zu Konsultationen gebeten. Die Diplomaten wollten mit ihm über die Kommentare zum finnischen Essen sprechen, die Ministerpräsident Silvio Berlusconi abgegeben hatte. Finnland und Italien hatten lange darum gewetteifert, Standort der Lebensmittelbehörde der EU zu werden. 2001 hatte Berlusconi gesagt, Finnland verdiene diese Behörde nicht, weil die Finnen nicht einmal wüssten, was *prosciutto* ist. Luftgetrockneter Parmaschinken ist selbstverständlich ein großartiges Produkt und schmackhafter als der in Finnland bekannte, mit Salzwasser vollgepumpte Weihnachtsschinken, doch bei der Lebensmittelbehörde ging es nicht um die Speisenkultur, sondern um die Überwachung der Reinheit von Nahrungsmitteln.

Nach Ansicht der Italiener hatte die Kampagne um den Standort der Behörde nichts mit der Kontrolle und Sicherheit von Lebensmitteln zu tun, sondern mit dem Kulinarismus, der in Italien heiliggehalten wird. Die Europäische Union gibt mehr als die Hälfte ihres Budgets, fünfzig Milliarden Euro, für landwirtschaftliche Subventionen aus. Der Anteil Italiens an diesen Subventionen beträgt fast sechs Milliarden. Mit Hilfe dieser hohen Summe wird die eigene Esskultur gepflegt, bisweilen auch mit fragwürdigen Methoden. Beispielsweise verboten die Stadtverordneten von Lucca die Eröffnung neuer Verkaufsstellen für ausländische Gerichte im historischen Zentrum der Stadt. Mailand folgte dem Beispiel.

Silvio Berlusconi, der von sich behauptet hat, er sei der Jesus Christus der Politik, setzte seinen Willen durch: Die Lebensmittelbehörde wurde in Parma eingerichtet. Als dort die Eröffnung gefeiert wurde, verhöhnte Berlusconi Finnland erneut: «Ich war in Finnland und musste das finnische Essen ertragen, bin also wirklich kompetent, Vergleiche zu ziehen. Der Präsident der EU-Kommission darf heute anstelle von geräuchertem finnischen Ren unseren *culatello* genießen.» Darüber hinaus sagte Berlusconi, er habe seinen Playboy-Charme spielen lassen, um die finnische Präsidentin Tarja Halonen davon zu überzeugen, dass die Lebensmittelbehörde besser nach Parma passe als nach Finnland.

Die Behörde in Parma war allerdings nutzlos, als sich im Frühjahr 2008 herausstellte, dass infolge des Müllskandals in der Region Neapel ein Teil des italienischen Mozzarellas verunreinigt war. Im Sommer 2008 kam ein noch größerer Skandal ans Licht. Mehr als zwei Jahre lang war verdorbener Käse in die europäischen Länder exportiert worden. Der italienischen Polizei zufolge waren 11 000 Tonnen Käse verschmutzt. Man hatte sogar Mäusekot und Plastikscherben im Käse gefunden.

Die Effektivität und Qualität der Reinheitskontrolle war jedoch zweitrangig; wesentlich war, wo die Überwachung stattfand. Die Italiener konnten nicht akzeptieren, dass Lebensmittel in der «Tundra» kontrolliert wurden, wie sich der Bürgermeister von Parma ausdrückte.

Das Weltbild des Bürgermeisters von Parma glich der Altarkarte einer mittelalterlichen Kirche, auf der am äußersten Rand – in der eisigen Peripherie – seltsame Barbaren und Seeungeheuer lebten.

Eine extreme geographische Lage schafft immer grob verallgemeinernde Phantasievorstellungen. Der in der Savanne trommelnde afrikanische Wilde entspricht dem in der Tundra lebenden, Eisbären jagenden und dem Alkohol verfallenen Finnen. Solche Vorstellungen, die man nicht überprüfen will, werden oft zu Instrumenten populistischer Argumentation. Der Kommentar des Bürgermeisters von Parma beruht auf der uralten Annahme, Klimafaktoren machten eine Kultur entweder zivilisiert oder barbarisch. Für manche mag Parma am Nabel der Welt liegen. In diesem Denkmodell verschlechtert sich das ideale Klima des Zentrums zu den Randgebieten hin, und infolgedessen werden auch die Kulturen, die Speisen und die Menschen barbarischer.

Überhebliche Gedanken, die sich auf die eigenen Erfahrungen beim Sonnenbad gründen, sind nichts Neues unter der Sonne. Schon Aristoteles hielt Griechenland für die beste Region der Welt. Die Menschen der nördlichen Klimazone waren Aristoteles zufolge spirituell, aber unintelligent und ungeschickt. Die Asiaten wiederum seien überorganisiert und unfrei. Die zwischen diesen beiden Klimazonen angesiedelte griechische Rasse sei sowohl spirituell als auch intelligent. Der Römer Vitruvius hielt Rom für den perfekten Landstrich, weil es sich zwischen der heißen und der kalten Zone befand. Je weiter man sich vom Zentrum der Welt, dem Gebiet des Mittelmeers (*mare medi terranum* – in der Mitte der Welt) entferne, desto lasterhafter seien die Bewohner. Die Araber wiederum teilten die Welt in sieben Klimazonen ein, die von der Nordseite des Äquators bis zum dunklen Norden reichten. Außerhalb dieser Zonen könne es kein Leben geben. Die besten Klimabedingungen herrschten in der zweiten und dritten Zone, in denen sich – welche Überraschung – die Siedlungsgebiete der Araber befanden. Der arabische Geograph Masudi beschrieb im 10. Jahrhundert die Einwohner Urujas, das heißt Europas, mit den Worten: «Warmen Humor besitzen sie nicht, ihre Körper sind groß, ihr Benehmen ist grob, ihr Verstand stumpf und ihre Sprache schwerfällig. Je weiter nach Norden man kommt, desto dümmer und barbarischer werden sie.»

Ibn Battuta, der im 15. Jahrhundert durch Asien reiste, verhielt sich wie Berlusconi: Er wunderte und entrüstete sich über die örtlichen Bräuche und kritisierte das Essen. Überall entdeckte er Beklagenswertes, was ihn so störte, dass er sich so oft wie möglich in geschlossenen Räumen aufhielt.

Die grantigen Bemerkungen einzelner Reiseschriftsteller mag man auf das Konto von Reisemüdigkeit und Magenbeschwerden schreiben, doch die überheblichsten Kommentare stammen von Menschen, die sich gar nicht erst aus ihrem Sessel rühren.

Für die Verachtung anderer Kulturen wurde in Rom sogar ein eigenes theologisches Lehrgebäude entwickelt. 1095 erließ Papst Urbanus II. die Bulle *Terra Nullius*, die sich mit dem «Niemandsland» befasste. Dieses Edikt gab den europäischen Königen und Prinzen das Recht, nichtchristliche Länder zu «entdecken» und für sich zu beanspruchen. Die Anordnung wurde 1452 erweitert, als Papst Nikolaus V. die Bulle *Romanus Pontifex* erließ, die dazu berechtigte, allen Nichtchristen den Krieg zu erklären und ihr Land zu erobern. Beide Edikte behandelten die Nichtchristen als ungebildete Unmenschen, die keinen Anspruch auf ihr Land hatten. So erhielten die christlichen Herrscher das gottgegebene Recht auf Kriegsführung, Kolonien und sogar auf Versklavung.

1573 erwähnt Papst Paul II. in seiner Bulle *Sublimus Deus*, die Ureinwohner Amerikas seien wie vernunftlose Tiere zu behandeln und zur Erbringung von Profit und Dienstleistungen einzusetzen.

Kulturelle Selbstgefälligkeit drückt sich in dem Gedanken aus, Ausländer hätten von meiner Kultur viel zu lernen – und nicht umgekehrt. Zum Beispiel glaubten die Inuit in Grönland, die europäischen Entdeckungsreisenden seien in ihr Land gekommen, um von ihnen Tugend und gute Manieren zu lernen.

Der Franzose François Charpentier schrieb 1664, Frankreich dürfe nicht in den Grenzen Europas bleiben, sondern müsse selbst unter den barbarischsten Völkern seine Kultur verbreiten. Besonders grotesk zeigte sich die kulturelle Überheblichkeit in der französischen Einstellung zu Indochina und vor allem zu Vietnam. Die Franzosen bezeichneten ihre Kolonialverwaltung als *la mission civilisatrice*. Die französische Kolonialherrschaft in Indochina war skrupellos und zielte auf größtmögliche Ausbeutung. Reis, Kohle, Gummi, Seide, Gewürze und Mineralien wurden außer Landes gebracht, während Vietnam gleichzeitig ein guter Absatzmarkt für französische Produkte wurde. Den 45 000 französischen Verwaltungsbeamten, von denen die meisten höchstens durchschnittliche Fähigkeiten besaßen, bot das Land ein leichtes und bequemes Leben. Eine Umfrage aus dem Jahr 1910 ergab, dass nur drei Beamte fließend Vietnamesisch sprachen!

Die Kolonialverwaltung bot denjenigen Vietnamesen, die zum Katholizismus konvertierten, Ausbildungsmöglichkeiten. Durch die Förderung des französischen Schulsystems wurden die traditionellen Dorfschulen verdrängt. Da es an qualifizierten Lehrern mangelte, gab es mehr Analphabeten als vor der Kolonialherrschaft.

Kollektiver Selbstbetrug hatte zur Folge, dass in der Zeit der Kolonialherrschaft beispielsweise viele britische Beamte und Offiziere aufrichtig glaubten, der örtlichen Bevölkerung Schutz, Wohlstand und Recht zu bieten, die ihr bisher gefehlt hatten.

Auf die Zeit des Imperialismus geht die Auffassung der Araber und Afrikaner zurück, die Europäer seien Diebe und Lügner. Im Nahen Osten brachen die Europäer ihre Versprechungen gegenüber den Arabern ein um das andere Mal. Viele heutige Probleme haben ihren Grund in den von den Kolonialherren gezogenen Grenzlinien, die keine Rücksicht auf die jahrtausendealte historische Entwicklung nahmen. Ein besonders eklatantes Beispiel ist der Irak: Hier wurden die separaten Provinzen Mosul (Kurden), Bagdad (Schiiten) und Basra (Sunniten) vereint. Den Kurden versprach man Selbstverwaltung – sie wurde nicht verwirklicht. Ein Teil des historischen Königreichs Kuwait wurde unter saudische Herrschaft gestellt, um den Zugang der Iraker zum Persischen Golf einschränken zu können. Trotz aller Warnungen legte die britische Verwaltung unter Leitung von Winston Churchill die Grenzen fest. Die Folgen sind unübersehbar: die Spannungen zwischen dem Irak und Kuwait sowie die Probleme der Sunniten, Schiiten und Kurden.

In den Jahren 1890 bis 1910 teilten die europäischen Alphamännchen praktisch ganz Afrika unter sich auf. Afrika betreffende Entscheidungen wurden bekanntlich in Europa getroffen. In Afrika isolierten sich die Kolonialherren von der örtlichen Bevölkerung, die sie als rassisch, geistig und moralisch minderwertig betrachteten. Die Museen Europas füllten sich mit den Schätzen der Kolonien. Ägyptische Mumien wurden in den Kesseln der Dampfloks verheizt und Tausende von Tiermumien zu Dünger zermahlen.

Die Philosophen des 18. und 19. Jahrhunderts nährten die Vorstellung von der Überlegenheit der europäischen Zivilisation. Für sie rangierte der Verstand höher als jede andere menschliche Eigenschaft, und die Schrift war das sichtbarste Zeichen für den Verstand. Folglich waren nur diejenigen vernunftbegabt, die schreibend beweisen konnten, dass sie die Künste und die Wissenschaften beherrschten. Da beispielsweise die Afrikaner die europäischen Sprachen nicht schreiben konnten, besaßen sie nach Ansicht der Denker der Aufklärung keine Geschichte, keine Kunst und keine Wissenschaft. Hume, Hegel, Kant, Comte, Voltaire, Marx und Engels brachten in ihren Schriften gleichermaßen ihre Verachtung zum Ausdruck. Nur die westlichen Kulturen seien es wert, erforscht zu werden, weil die anderen Kulturen nicht entwickelt seien, sagte Comte. Nur die westliche Kultur sei zivilisiert, weil sie naturgegeben sei, meinte David Hume und fuhr fort: «Die Afrikaner gehören nicht zu den zivilisierten Völkern, denn aus dem Kreis der Schwarzen sind keine begabten Individuen hervorgegangen. Die infantilen Schwarzen haben in Kunst, Wissenschaft oder Handwerk nichts Bedeutendes hervorgebracht.»

Einer der namhaftesten Philosophen der Aufklärung, Immanuel Kant, kam zwar nie aus Königsberg heraus, schrieb aber dennoch beherzt über andere Kulturen. Er veredelte die rassistischen Gedanken Humes sogar noch. In seinem Werk über Ästhetik (*Beobachtungen über das Gefühl des Schönen und Erhabenen*) behauptet er allen Ernstes, die Hautfarbe markiere auch Unterschiede in den geistigen Fähigkeiten: «... dieser Kerl war vom Kopf bis auf die Füße ganz schwarz, ein deutlicher Beweis, dass das, was er sagte, dumm war.»

Nach Ansicht von Georg Wilhelm Friedrich Hegel hatten die Chinesen und die Afrikaner nur unförmige und groteske Kunstwerke geschaffen. Ihnen fehle die Fähigkeit zu symbolischem Denken. Die westliche Kunst dagegen beruhe auf entwickeltem, abstraktem Denken. Nach Hegels Meinung hatte Afrika kein Gedächtnis und keine Geschichte, weil die Kunst des Schreibens dort unbekannt sei. Für Hegel war Afrika ein «Kinderland, das jenseits des Tages der selbstbewussten Geschichte in die schwarze Farbe der Nacht gehüllt ist». Hegel war überzeugt, dass Afrikaner für keinerlei Entwicklung und Bildung empfänglich seien.

Die Philosophen, deren Werke an den Universitäten bis heute gepaukt werden, entpuppen sich als überheblich – eine Einstellung, die sie ihrer eigenen Ansicht nach bekämpften. Sie schufen den Mythos von der Vortrefflichkeit ihrer eigenen Kultur.

In den britischen Schulbüchern aus der Kolonialzeit werden die Ureinwohner Afrikas und Australiens als faul, feindselig und wild dargestellt. Das Klima der Tropen oder der trockenen Wüste wirke sich auf die geistigen Eigenschaften aus und treibe manche sogar zum Kannibalismus. In den finnischen Lexika des 20. Jahrhunderts wurde «der Neger» als fröhlich, aber ohne Ausdauer dargestellt. Da er schnell die Geduld verliere, sei er unfähig, eine Kultur aufrechtzuerhalten. Deshalb brauche man europäische Koordination.

Diese negative Einstellung war auch in den Medien zu beobachten. Johan Galtung wies in seiner Untersuchung über die Struktur norwegischer Auslandsnachrichten aus dem Jahr 1965 nach, dass die Nachricht umso negativer ausfiel, je weiter entfernt das jeweilige Ereignis geschehen war. Die Einwohner ferner Länder wurden zudem gern als simpel und primitiv dargestellt.

Das selbstgefällige Weltbild der großen Philosophen, der Entdeckungsreisenden und des italienischen Ministerpräsidenten beruht womöglich auf einem ganz einfachen Ausgangspunkt, den viele aus der Kindheit kennen. Es geht zurück auf die ersten Wahrnehmungen der Umwelt. Dabei kann leicht die Vorstellung entstehen, die Erde sei kreisförmig, und der Himmel bilde über ihr ein gewölbtes Dach, an dem sich die Sterne bewegen. Unterhalb der Himmelsdecke befindet sich unser Zuhause, das natürlich im Mittelpunkt der wahrgenommenen Welt steht. Manche lösen sich nie von dieser kindlichen Denkweise.

Auch die Schöpfungsmythen der verschiedenen Kulturen erzählen eine verblüffend gleichartige, selbstgefällige Geschichte: Die Welt wird immer im Zentrum erschaffen, das heißt da, wo die den Mythos hervorbringende Kultur angesiedelt ist. Peking liegt auf dem himmlischen Meridian direkt unter dem Polarstern. Mekka befindet sich am Mittelpunkt der Welt, wie übrigens auch das Delphi der griechischen Antike, wo der *omphalos*, der Nabel der Welt, beheimatet ist. Die Londoner sehen ihre Stadt gern als Zentrum der Welt. Bevor beschlossen wurde, den Nullmeridian durch das Observatorium von Greenwich zu führen, verlief er durch die St.-Pauls-Kathedrale. Die Kathedrale hatte eine ähnliche Bedeutung wie der schwarze Stein der Kaaba in Mekka – ein Heiligtum am Nabel der Welt.

Der Mensch ist das Maß aller Dinge, schrieb Protagoras schon vor 2500 Jahren. Deshalb herrschen im Allgemeinen nur in unserem eigenen Kulturkreis vernünftige Zustände. Wenn Vorurteile und Selbstgefälligkeit zu Unterrichtszwecken verwendet werden, muss man sich fragen, ob dahinter geistige Trägheit oder eine tendenziöse Ideologie steht.

DIE MYTHEN VON DER EIGENEN VORTREFFLICHKEIT

Präsident Clinton erhielt Besuch von einer Gruppe besorgter Briten. Sie berichteten dem Präsidenten, der amerikanische Film *Enigma* habe die Briten empört. In diesem Film entwendet ein amerikanischer Soldat den Deutschen ein Gerät namens Enigma, mit dem die Wehrmacht des nationalsozialistischen Deutschlands alle ihre Nachrichten verschlüsselte. Dank dieser Heldentat konnte der Code der Deutschen entschlüsselt werden, was von entscheidender Bedeutung für den Ausgang des Krieges war. In Wahrheit war die Operation von den Briten durchgeführt worden, doch das verschweigt der Film; die Ehre fällt allein den Amerikanern zu. Clinton zuckte die Achseln und sagte, Filme seien nur Märchen.

Bei genauerem Nachdenken erkennt man, dass Filme, die die Geschichte verfälschen, dem Weltbild der Menschen Schaden zufügen, denn einfache Leute schlagen nicht in Geschichtsbüchern nach. Die Massen gehen ins Kino, und ob man es will oder nicht, viele bilden sich ihre Vorstellung von vergangenen Ereignissen anhand von Filmen. *Enigma* war ein anschauliches Beispiel für kulturelle Selbstgefälligkeit.

Filme werden dem eigenen Nabel angepasst. Die Hervorhebung der eigenen Kultur ist so weit fortgeschritten, dass das breite Publikum in keinem Punkt enttäuscht werden will, und diese Haltung schlägt sich nicht nur in der Filmproduktion nieder. Das in Florida ansässige Kreuzfahrtunternehmen Royal Caribbean erwähnt den Hersteller der größten und luxuriösesten Kreuzfahrtschiffe der Welt mit keinem Wort. Im Präsentationsvideo werden die westfinnischen Schiffsbauer als Teil des Personals von Royal Caribbean vorgestellt. Auf den Schiffen kann man Ansichtskarten kaufen, auf denen die technischen Daten angegeben werden, nicht aber die Werft oder das Land, wo sie gebaut wurden. Erwähnt wird allerdings, wer welches Schiff getauft hat. Beispielsweise wurde die in Finnland gebaute Navigators of the Seas von dem Tennisstar Steffi Graf getauft; von den Turkuer Werftarbeitern ist mit keinem Wort die Rede. Ironisch ist dabei, dass für alle auf dem Schiff angebotenen Produkte der Hersteller angegeben wird. So erfahren wir, dass der auf dem Schiff verwendete Zucker aus einer Fabrik in Pittsburgh stammt und dass Grey Goose, «der beste Wodka der Welt», aus Frankreich ist. Ich bin auf zwei Schiffen der Royal Caribbean gereist; den einzigen Hinweis auf Finnland fand ich auf dem Schiffsgrundriss auf dem Nulldeck. Kleingedruckt stehen dort die Namen der finnischen Schiffsarchitekten.

Den Amerikanern fällt es schwer, Dinge zu akzeptieren, die nicht ihr «Eigentum» sind. Im Raumflugzentrum J. F. Kennedy starteten in den 1960er Jahren die riesigen Saturnus-8-Raketen zum Mond. In dem chauvinistischen Film des Zentrums werden nur Amerikaner als Eroberer des Weltraums präsentiert. Gänzlich unerwähnt bleibt der deutsche Ingenieur Herbert von Braun, der mit seinen Kollegen die Raketen entwarf und baute.

Manchmal wird die Selbstsicherheit auch erschüttert. Als die Sowjetunion den ersten Satelliten der Welt auf die Umlaufbahn brachte, standen die Vereinigten Staaten unter Schock. Vielleicht zum ersten Mal in ihrer Geschichte wurden die Amerikaner von Selbstzweifeln geplagt. Wie James Schefter schreibt, kam in dem Land, das von überheblichen und extrem selbstsicheren Menschen gegründet worden war, die Furcht auf, nicht mehr an der Spitze zu stehen. In der Presse wurde das Bildungssystem kritisiert, weil es nicht genug Wissenschaftler und Ingenieure hervorbrachte.

Ebenso schwer fällt es den Russen, demjenigen Ehre zu geben, dem sie gebührt. Es stimmt, dass die Russen am Nordpol ihre Flagge auf dem Meeresgrund anbrachten. Doch das wäre nicht möglich gewesen ohne das zur Spitzenklasse zählende U-Boot Mir – das 1987 auf der Werft Rauma-Repola in Finnland gebaut worden war.

Einer der meistgehätschelten nationalen Mythen in Schweden ist die Sage von dem friedliebenden Wohlfahrtsstaat im Norden. Weniger Beachtung fand die Tatsache, dass ein Teil des Wohlstands auf dem Handel mit Eisenerz im Zweiten Weltkrieg beruht. Um vom Krieg verschont zu bleiben, verkauften die Schweden ihr Eisenerz für gutes Geld an die Deutschen und verlängerten damit den Krieg, wie der schwedische Wissenschaftler Stefan Einhorn ironisch anmerkt.

Ende der 1990er Jahre ging man daran, Finnland aufgrund der Handydichte und der Zahl der Internetanschlüsse als «Informationsgesellschaft» zu vermarkten. Das Informationsblatt eines früher auch als Telefongesellschaft aktiven Unternehmens erhielt im IT-Rausch der neunziger Jahre den Namen *Dig It Up*, der wie der falsch geschriebene Songtitel einer Heavy-Metal-Band klingt. Espoo, die zweitgrößte Stadt Finnlands, brüstete sich damit, dass der finnische Telefonriese Nokia seine Hauptgeschäftsstelle dort hatte. Daher wurde das Informationsblatt der Stadt in *Eemail* umgetauft. Der IT-Hype löste sich jedoch auf, als Länder wie Südkorea begannen, jedes Haus mit Breitbandnetz und Mediendiensten zu versorgen, von denen man in Finnland nur in den Visionsstrategien der Ministerien sprach. Den schwersten Schlag erhielt die finnische Informationsgesellschaft Anfang 2009, als die UN eine Aufstellung veröffentlichte, in der gemessen wurde, wie die einzelnen Staaten die Kommunikationstechnik nutzen, um die Meinungen ihrer Bürger einzuholen. Finnland teilte sich mit Honduras, der Mongolei und den Philippinen den fünfundvierzigsten Platz. Innerhalb von zehn Jahren war Finnland von den Medaillenrängen gestürzt.

Auch hinsichtlich der finnischen Internetdienste zeigte sich eine Diskrepanz zwischen Vorstellung und Realität. Das Meinungsforschungsunternehmen TNS Gallup untersuchte die Nutzung von E-Mail in finnischen Firmen. Am schwächsten schnitt die Mobiltelefonbranche ab, in der mehr als die Hälfte aller Mails unbeantwortet bleiben. Von den digitalen Mitteilungen an die Banken bleibt im Durchschnitt jede dritte ohne Antwort. TNS misst die Schnelligkeit des Kundendienstes seit 2001. Im gesamten Zeitraum blieb der Anteil der unbeantworteten Mails nahezu gleich.

Nationalstaaten konstruieren oft schmeichelhafte Mythen über sich selbst, deren Infragestellung als unerwünscht gilt. Der mohammedanische Intellektuelle Al-Biruni schrieb im 15. Jahrhundert bitter über die Inder: «Die Hindus glauben, es gäbe keine anderen Länder als das ihre, keine anderen Nationen als die ihre, keine solchen Könige wie die ihren, keine andere Wissenschaft als die ihre.» Al-Biruni meinte, die Inder sollten mehr reisen und den Kontakt mit Bewohnern anderer Länder suchen.

Al-Birunis Kommentare über die Inder treffen auf alle Kulturen zu. Es finden sich immer Populisten, nach deren

Ansicht die Schulbücher sich darauf konzentrieren sollten, die Vortrefflichkeit des eigenen Landes zu besingen. Auch administrative Entscheidungen dienen nicht selten der Schönfärberei. Die Hauptstädte sind oft friedliche Zentren im Binnenland, in denen man ungestört das offizielle Bild der Kultur pflegen kann. Washington in den Vereinigten Staaten, Moskau in Russland, Peking in China, New Delhi in Indien, Paris in Frankreich, Rom in Italien, Brasilia in Brasilien, Ankara in der Türkei und Madrid in Spanien ...

Alle genannten Staaten haben neben der Hauptstadt eine anarchistischere und tolerantere Hafenstadt: New York, St. Petersburg, Kanton, Mumbai, Marseille, Neapel, Rio de Janeiro, Istanbul und Barcelona. Hafenstädte waren den Herrschern traditionell verdächtig. Robert Hughes, der eine Geschichte der Stadt Barcelona geschrieben hat, behauptet, dass Hafenstädte von jeher zu offen für ausländische Einflüsse und neue Ideen waren und zudem einen Weg nach draußen boten. Deshalb verlegten die Nachfolger Peters des Großen die russische Hauptstadt nach Moskau und Kemal Atatürk die der Türkei nach Ankara. In Brasilien wurde sogar eine künstliche Stadt im Binnenland errichtet.

Menschen schätzen in der Regel Dinge, die vertraut und sicher sind und vorzugsweise aus ihrem näheren Umkreis stammen. Unsere Einstellung zu unserer Umgebung speist sich aus unseren Erfahrungen, die bestimmen, was wir für normal, vernünftig und gut halten. Ferne Gegenden sind exotisch, aber auch bedenklich. Fremde Bräuche, Kulturen, Sprachen und Speisen können uns belustigen, beklemmen oder sogar stören. Im eigenen Stall lebt es sich meist leichter. Das Verstehen einer fremden Kultur erfordert oft zu viel Anstrengung. Deshalb geben beim Eurovision Song Contest Nachbarländer sich gegenseitig Punkte, deshalb werden Filme synchronisiert und deshalb lassen sich die Finnen im Ausland Fleischklößchen und Kartoffelmus schmecken.

Botschafter und Forschungsreisende zogen mit ihren vorgefassten Meinungen hinaus in die Welt, daher waren Kollisionen unvermeidlich. Als Russen und Briten versuchten, Handelsbeziehungen zu den Chinesen anzuknüpfen, konnten sie kaum verstehen, dass sie in erster Linie als Ärgernis empfunden wurden.

DIE POLITIK DES KNIEFALLS

Der chinesische Historiker Hsu Chi-yu schrieb in seinem 1848 erschienenen Buch, dass die westlichen Menschen die Welt gern in verschiedene Teile gliedern, die sie als «Kontinente» bezeichnen. Bei diesen handle es sich um Europa, Afrika, Amerika und Asien. Hsu klärte die Chinesen darüber auf, dass sie nach Ansicht der Westler zu «Asien» gehörten. Er wies seine Leser ganz richtig darauf hin, dass es sich um eine künstliche Gliederung handelte. Vor allem die Teilung der großen eurasischen Landmasse in Europa und Asien ist weiterhin alles andere als geographisch begründet. Hsu wollte seinen Landsleuten die westliche politische Geographie veranschaulichen, die global geworden war. Die Feuerkraft der Europäer, die an den Küsten Chinas auftauchten, war nicht zu unterschätzen. Dass die Chinesen nicht wussten, dass sie zu Asien gehörten, war freilich keine Überraschung.

Die traditionelle Vorstellung der Chinesen von ihrer Position in der Welt ist ausgesprochen selbstgefällig. Das Schriftzeichen für China bedeutet Zentrum. China ist das Reich der Mitte, umgeben von dem minderwertigen Rest der Welt, in dem die Barbaren wohnen. Die Einstellung Chinas zur Außenwelt erklärt sich Pekka Nihtinen zufolge auch daraus, dass den Chinesen zwei Jahrtausende lang nichts unter die Augen gekommen war, was ihrem Entwicklungs-stand gleichwertig gewesen wäre. Der Himalaja und die Wüsten hatten China jahrhundertelang von anderen großen Kulturen wie Indien und Persien isoliert.

Die Epoche der Isolierung Chinas, die in der Ming-Dynastie begann, hatte zu großen Problemen geführt. Man vermied den Handel mit Ausländern. 1480 hatte das Kriegsministerium sogar die Dokumente über die Afrika-Reisen von General Zheng Hen vernichtet. Als Nächstes stellte der Kaiser den Bau von Ozeanschiffen und die Seefahrt unter Todesstrafe. Das führte in den folgenden Jahrzehnten zu einem Anstieg der Piraterie, was die Administration in der im Binnenland gelegenen Hauptstadt Peking jedoch nicht störte.

In der Epoche der Entdeckungsreisen entstand kein Vertrauen zwischen den europäischen Kaufleuten und den Chinesen. Die Kontakte bestätigten eher die Vorstellungen der Chinesen, außerhalb ihres Landes lebten nur Banausen. Vor allem die holländischen Seeleute, die man in den chinesischen Häfen antraf, waren gewalttätiger Abschaum, grobschlächtige Abenteurer, die nach der langen Reise von Ungeziefer befallen waren und entsetzlich stanken. Im Norden wiederum stifteten die Russen Unruhe.

Im 17. Jahrhundert begannen russische Glücksritter sich für Sibirien zu interessieren. Die Kosaken unternahmen Raubzüge in die Grenzgebiete, wo sie stahlen, vergewaltigten und töteten. Diese Raubzüge führten an den Amur, wo die Kosaken die Festung Albazin gründeten. Anfang der 1660er Jahre wollten die Russen Handelsbeziehungen zu China anknüpfen. Die Chinesen antworteten dem Zaren, die Voraussetzungen dafür seien erst gegeben, wenn die Grenzzwischenfälle aufhörten.

Der Zar entsandte Nicolae Milescu, einen hochgelehrten und weitgereisten Wissenschaftler, nach China. Er hatte den

Auftrag, diplomatische Beziehungen zwischen Russland und China anzuknüpfen. Milescus Problem waren sein unglaubliches Selbstbewusstsein und seine geringe Kenntnis Chinas. Er schickte zum Beispiel einen an den Kaiser von China gerichteten Brief an den Bogdy Khan in der Stadt Kanbulak.

Zunächst hielt Milescu es nicht für notwendig, bis nach Peking zu reisen. Als er endlich einsah, dass die Reise in die Hauptstadt unumgänglich war, scherte er sich nicht um das Protokoll der Chinesen. Milescu brauchte mehrere Wochen, um an die Tore Pekings zu gelangen, hatte aber immer noch nicht verstanden, dass die Angriffe der Kosaken im Grenzgebiet den Chinesen wirklich ein Dorn im Auge waren. Er selbst hielt sie für nebensächlich im Vergleich zu einem umfangreichen Handelsvertrag zwischen den beiden Ländern. Gerade diese arrogante Bagatellisierung verärgerte die Chinesen. Selbst die europäischen Jesuiten, die am Qing-Hof zu Gast waren, wiesen Milescu wiederholt darauf hin, doch er beharrte eigensinnig darauf, der Handelsvertrag sei das Wichtigste. Die Chinesen stellten eindeutige Bedingungen für die Aufnahme von Handelsbeziehungen: Friede am Amur, die Rückgabe der eroberten Gebiete an China und die Ablösung Milescus durch einen Botschafter, der sich zivilisiert zu benehmen wusste.

Die Russen schickten einen neuen Gesandten. In der Grenzstadt Nerchinsk fanden die ersten offiziellen Verhandlungen der Neuzeit zwischen China und einem anderen Staat statt. 1689 wurde ein Vertrag aufgesetzt: Der Amur wurde den Chinesen zugesprochen, eine offizielle Grenze wurde gezogen, und die Handelskarawanen setzten sich in Bewegung.

Die Russen hatten aus Milescus Scheitern gelernt, doch diese Lehre erreichte die Briten nicht, die erstens einen ständigen Vertreter am chinesischen Hof und zweitens die Erlaubnis wollten, außer in Kanton auch in anderen Häfen

Handel zu treiben. 1792 machte sich Lord George Macartney mit drei Schiffen und siebenhundert Mann Besatzung auf die Reise. Die Schiffe waren mit den besten Produkten des britischen Imperiums beladen. Im September traf Macartney in China ein, und die Verhandlungen mit dem Kaiser konnten beginnen. Das größte Problem bei dem Treffen der Briten und Chinesen war der Kniefall, *kowtow*, was «den Kopf auf den Boden schlagen» bedeutet. Dieses Ritual wird vor dem Kaiser ausgeführt und setzt dreimaliges Hinknien voraus. Nach jedem Kniefall muss man sich mit dem Oberkörper nach vorn werfen, so dass die Stirn den Boden berührt.

Lord Macartney wurde darauf hingewiesen, dass er vor Kaiser Qianlong den traditionellen *kowtow* machen müsse. Er schockierte seine chinesischen Dolmetscher mit der Erklärung, dann müsse der *kowtow* auch vor dem Bild seines Herrschers George III. vollzogen werden. Schließlich einigte man sich darauf, dass Macartney nur niederkniete und sich verbeugte.

Mit seinem Verhalten hatte er Qianlong jedoch bereits verärgert. Der Kaiser von China betrachtete Macartneys Geschenke nicht als Beispiele für gute Handelswaren, sondern eher als Beweis der Untertänigkeit. Das wurde deutlich, als der Kaiser einen Brief an George III. schickte. Darin hieß es, China könne kein einziges Erzeugnis aus Europa nennen, das es benötige, daher seien Handelsbeziehungen zwischen den beiden Ländern überflüssig.

Die stets pragmatischen Holländer versuchten den Fehler der Briten zu vermeiden. Sie mussten sogar vor einem Fisch, den der Kaiser als «Geschenk» geschickt hatte, niederknien. Man behauptet, dass die Holländer in den sechsunddreißig Tagen, die sie in Peking verbrachten, dreißigmal auf die Knie fielen. Wenn die Verbeugungen nicht richtig ausfielen, setzte es Peitschenhiebe. Dennoch brachten sie den Kniefall nicht korrekt zustande. Kaiser Qianlong lachte lauthals, als einem Diplomaten beim *kowtow* die Perücke vom Kopf rutschte.

1816 wurde eine weitere britische Delegation nach China geschickt. Diesmal reiste Lord Armherst zu einer Begegnung mit dem Kaiser an. Kaiser Jiaqing war über die Ankunft der Delegation nicht erfreut. Wieder bereitete das Begrüßungsprotokoll Probleme. Amherst weigerte sich, den *kowtow* auszuführen, versprach aber, dreimal niederzuknien. Der wütende Kaiser erklärte, China sei die herrschende Macht der Welt, und es komme wahrlich nicht in Frage, dass die Chinesen sich dazu herabließen, eine derartige Überheblichkeit zu akzeptieren.

Die Weigerung, Handel zu treiben, war mit der imperialistischen Mentalität der Briten unvereinbar. Die Briten beantworteten die Herausforderung mit einer Unverschämtheit, die ihresgleichen sucht: mit dem Opiumhandel. Sie umgingen die moralische Verantwortung für den Drogenhandel, indem sie das Opium in Indien an Dritte verkauften, nämlich an britische Privatunternehmer, die es nach China brachten und dort absetzten. Die unmoralischste Handelskette der Welt beschäftigte bis zu einer Million Menschen. Mit den Erträgen aus dem Opiumhandel wurde chinesischer Tee gekauft. Selbst der Philosoph John Stuart Mill, der in der Verwaltung der Britischen Ostindien-Kompanie arbeitete und in seinen Schriften über die Freiheit predigte, erklärte: «Die freie Fortsetzung des Opiumhandels nützt dem chinesischen Volk und den Verbrauchern.»

Als die Chinesen 1839 die britischen Opiumlager zerstörten und die Briten aus Kanton vertrieben, schlug der Opiumhändler William Jardine Außenminister Lord Palmerston vor, Krieg zu führen. 1841 wurde Hongkong besetzt, und die Chinesen mussten ihre Häfen für den Opiumhandel öffnen. Jardine wurde mit einem Sitz im Parlament belohnt;

das von ihm gegründete Unternehmen Jardine Matheson ist weiterhin in Hongkong tätig.

Obwohl der Krieg als Opiumkrieg bezeichnet wird und man allgemein annimmt, dass es um die Handelsinteressen der Briten ging, standen andere Gründe dahinter: Es fiel den Briten schwer, die abweisende Haltung der Chinesen zu akzeptieren. Die Begegnung zwischen zwei Nationen, aus der sich eine fruchtbare Handelsbeziehung hätte entwickeln können, scheiterte an der beidseitigen Überheblichkeit.

Eine verächtliche Haltung gegenüber der Umwelt wird oft auch großen Reichen zum Verhängnis. So erging es dem Römischen Reich, Byzanz und den indischen Moguln.

VERACHTUNG DER NACHBARN

Rom, Byzanz und die Reiche der Moguln schufen eine unerhörte Pracht, die immer noch zu besichtigen ist. Das Kolosseum in Rom, die Hagia Sophia in Istanbul und der Taj Mahal in Nordindien zählen zu den bekanntesten Sehenswürdigkeiten der Welt. Die lichtvolle Zeit endete jedoch in allen diesen Reichen aus demselben Grund: wegen ihrer verächtlichen Haltung gegenüber ihren Nachbarn.

Es ist unbegreiflich, dass die Nachbarn der Römer in der westlichen Geschichtsschreibung immer noch als «Barbaren» erscheinen, ganz gleich, ob es sich um Germanen, Kelten oder Goten handelt. Wenn Sklaverei, Demütigung und Skrupellosigkeit barbarisch sind, waren die Römer barbarischer als ihre Nachbarn.

Valens, der Bruder des römischen Kaisers Valentinian, ist ein tragikomisches Beispiel für rassistische Selbstgefälligkeit und Unwissenheit. Der Kaiser ernannte Valens 364 zum

Herrscher über die östlichen Teile des Römischen Reichs. Valens war eitel und neidisch, wie so viele überhebliche Menschen. Er wollte demonstrieren, dass seine schwache Autorität ein festes Fundament habe. Besonders uneinsichtig verhielt er sich gegenüber seinen Nachbarn, den Goten.

Fritigern, der Anführer der Goten, hatte um die Erlaubnis gebeten, die Donau zu überqueren, weil er sich auf der anderen Seite ein besseres Leben für seinen Stamm erhoffte. Er versprach, sich friedlich zu verhalten und der römischen Armee einen Teil seiner Männer zur Verfügung zu stellen. Valens' Berater hielten das Angebot für günstig, da die Goten sich früher bereits als mustergültige Bürger erwiesen hatten. Valens stimmte zu. Fritigern erhielt die Erlaubnis, von Varna aus fünfundzwanzig Kilometer nach Westen, ins Binnenland, zu ziehen, doch die Hinterhältigkeit der Römer trat schon bald zutage. Das Land, auf dem sich die Goten ansiedeln durften, war miserabel. Sie hungerten. Valens' Offiziere boten ihnen Hunde als Nahrungsmittel an, forderten aber für das elende Essen einen so hohen Preis, dass die Goten gezwungen waren, ihre Kinder in die Sklaverei zu verkaufen.

Die Römer stellten die Goten zudem unter strenge Bewachung. Einer der Kommandanten, Lupicinus, war besonders unverschämt. Nachdem er auf dem Schwarzmarkt ein Vermögen verdient hatte, zwang er die Goten, ihr Lager zu verlegen. Als diese um zwei Tage Aufschub baten, lehnte er ab und forderte die örtliche Bevölkerung auf, die Goten mit Steinen zu bewerfen. Später führte Lupicinus bei einem zu Ehren der Goten veranstalteten Fest einen Angriff gegen sie. Die Gefangennahme der gegnerischen Anführer während eines Festgelages war eine normale Methode der römischen Kriegsführung. Fritigern konnte jedoch entkommen.

Es liegt auf der Hand, dass die Situation aus der Sicht der Goten unhaltbar war. Mit den Römern konnte man nicht einmal mehr verhandeln, denn es hatte sich gezeigt, dass ihnen nicht zu trauen war. Es kam zum Kampf. Doch die Römer trafen nicht etwa auf einen in Panik geratenen Trupp, sondern auf eine geordnete Armee. Die beiden gotischen Stämme, die sich an der Donau niedergelassen hatten – die Terwingen und die Greutungen – hatten sich vereint. Die Geschichte kennt sie unter dem Namen Westgoten. Im Jahr 377 griffen sie unter Fritigerns Führung die Stadt Marcianopolis an.

Valens zog seine Truppen zusammen und marschierte den Goten entgegen. Diese wollten erneut verhandeln, doch die Römer waren immer noch nicht bereit, ihr Verhalten der Situation anzupassen. Ihre Ideologie setzte nun einmal voraus, dass alle anderen Völker sich dem römischen Kaiser unterwarfen.

Bezeichnend für Valens' Arroganz ist die Art, wie er Fritigerns Boten behandelte. Er weigerte sich, Fritigerns Friedensangebot anzunehmen, weil dessen Entsandter nicht «bedeutend» genug sei. Die römischen Truppen setzten ihren Vormarsch fort. Erneut entsandte Fritigern einen Boten, um über einen Friedensschluss zu verhandeln, und Valens schickte den Mann zurück, weil er nicht hochrangig genug war.

Valens hatte seinen Neffen Gratianus um Hilfe gebeten. Dieser ermahnte ihn, sich zu gedulden und auf Verstärkung zu warten. Valens scherte sich nicht um den Rat. Im Jahr 378 trafen seine Truppen bei Hadrianapolis auf die Goten. In der Schlacht fielen insgesamt 10 000 Mann – zwei Drittel der römischen Truppen. Niemand weiß, was aus Valens wurde.

Der Krieg dauerte vier Jahre. Rom war verletzlich, glaubte aber immer noch an seine Übermacht. Die auf dem Territorium des Römischen Reichs lebenden Goten wurden verfolgt, ein Teil starb in den Amphitheatern, ein Teil wurde von der Armee zwangsrekrutiert und ein Teil geriet in Sklaverei. Doch als Resultat des Krieges erhielten die Goten schließlich das, was ihnen ursprünglich versprochen worden war: Selbstverwaltung und Land südlich der Donau.

Bis zur Schlacht von Hadrianapolis hatte das römische Heer als unbesiegbar gegolten, doch nun erkannten die Goten, dass das überhebliche Rom schwach war. Die germanischen Völker begannen, Rom Unannehmlichkeiten zu machen. Schließlich eroberte im September 476 der Germanenfürst Odovakar die Stadt Rom, was zum Zerfall des weströmischen Reichs führte.

Damit ging eine der gewalttätigsten und grausamsten Tötungsmaschinerien der Weltgeschichte zugrunde. Westrom hinterließ in erster Linie eine prachtvolle Architektur. Es ist durchaus bezeichnend, dass die imposantesten Bauwerke die Amphitheater waren, in denen zur Unterhaltung der Massen Hunderttausende abgeschlachtet wurden. Der Historiker Peter Heather führt den Untergang des Römischen Reichs darauf zurück, dass die Römer ihre Beziehungen zu den Germanen nicht zu pflegen wussten. Das Reich zerbrach an seinem aggressiven Imperialismus.

Azar Gat sieht den Grund für den Niedergang Roms in der alles erstickenden Zentralverwaltung, die keinen Raum für lokale und individuelle Initiativen ließ. Im Lauf der Zeit stieg die Zahl der Bürokraten, und die Beamten kapselten sich zunehmend ab. Es gab keine kritische Instanz, die sie kontrolliert hätte. Die Steuern stiegen regelmäßig, da die Bürokratie, die protzige Verschwendungssucht der Herrscher und die Armee hohe Kosten verursachten. Der größte Teil der Einnahmen wurde für die Armee verwendet; hinzu kamen Ausgaben für öffentliche Bauten, für die staatlich subventionierte Brotproduktion und für Zirkusvergnügungen. All dies beschleunigte den Zusammenbruch. Sogar die Aristokraten vermehrten die Macht der Bürokratie, da sie sich in ihr Luxusleben zurückzogen und die Kontrolle über die Staatsangelegenheiten verloren. Wachsende Bürokratie, hohe Steuern und geringe Einflussmöglichkeiten trieben auch die Landbevölkerung in die Passivität. Zudem gab es immer wieder Kämpfe um die Thronfolge, in deren Verlauf ländliche Gebiete zerstört wurden. Aus allen diesen Gründen wurde es zunehmend schwieriger, die Einwohner gegen eine Bedrohung von außen zu mobilisieren. Die Grenzen Roms wurden nach und nach durchlässig für die Angriffe der Germanen.

Der Keim des Untergangs des byzantinischen Reichs, des Erbe Ostroms, wurde ebenfalls in Rom gesät. Einer der dümmsten Missionierungsversuche der Geschichte war der vierte Kreuzzug, den der ehrgeizige und überaktive Papst Innocentius III. begann.

Im 13. Jahrhundert konkurrierten Genua und Venedig um die Handelshoheit im Mittelmeerraum. Venedig finanzierte Kreuzzüge, die auf der seltsamen Idee basierten, das Heilige Land für die Christen, die dort nie gelebt hatten, zurückzuerobern.

Das byzantinische Reich setzte auf Diplomatie statt auf Kriegsführung. Die Kreuzritter betrachteten dies als Feigheit. Ihnen war unverständlich, dass Byzanz mit Arabern und Türken Botschafter austauschte. In ihren Augen war das Verrat.

Ziel des vierten Kreuzzuges war die Eroberung Ägyptens. Venedig versprach, den Transport zu organisieren, doch da zu wenige zahlende Ritter antraten, ließ sich die Reise nicht verwirklichen. Die Venezianer schlugen den Rittern vor, sich durch einen Angriff auf die christliche Stadt Zara an der Küste Dalmatiens das nötige Kapital zu verschaffen. Tatsächlich war nach dem erfolgreichen Angriff die Finanzierung gesichert. Zudem stießen die Ritter in Zara auf den byzantinischen Prinzen Alexius, der einen Putsch plante. Alexius stellte den Rittern eine beträchtliche Belohnung in Aussicht, wenn sie ihm halfen, den Thron zu besteigen. Außerdem versprach er, die Kirche von Konstantinopel dem Papst zu unterstellen. Man vereinbarte, dass die Ritter Konstantinopel angriffen, bevor sie nach Alexandrien in Ägypten weiterzogen.

Im Jahr 1203 hoben die Ritter Alexius IV. auf den Thron. Doch als sie ihm die Rechnung präsentierten, brach er sein Versprechen. Die Ritter warteten ein Jahr lang auf ihr Geld. Sie stellten ein Ultimatum, das von den Byzantinern abgewiesen wurde. Alexius und seine Berater verhielten sich unbegreiflich dumm, als sie sich weigerten, ihren Teil der Vereinbarung zu erfüllen.

Im April 1204 beschlossen die Ritter anzugreifen. Die Führung übernahm der venezianische Doge Enrico Dandolo, der auch von persönlichen Motiven getrieben wurde: Er hatte vor Zeiten in Konstantinopel ein Auge verloren.

Die Hagia Sophia ist heute ein Museum, und sie ist nach mehr als 1500 Jahren erstaunlich gut erhalten. Sie hat Erdbeben und Eroberungsversuchen standgehalten. Eins der schlimmsten Ereignisse in ihrer Geschichte war der von Dandolo in die Wege geleitete Raubzug. Die Ritter stürmten in die Stadt und hinauf zur Kirche. Der goldene Altar wurde herausgeschlagen und als Kriegsbeute mitgenommen. Maultiere und Pferde wurden mit den Kirchenschätzen beladen, und wenn die Tiere auf dem glatten Fußboden ausrutschten, wurden sie von den Rittern getötet.

Der aus Byzanz geraubte goldene Reliquienschrein in der Kathedrale von Limburg erinnert bis heute an die fünftägige Plünderung der schönsten christlichen Stadt des Mittelalters. Das Ergebnis war eine totale Katastrophe, für die Macht des Papstes ebenso wie für das byzantinische Reich. Die Marionettenregierung, die Dandolo in Konstantinopel installierte, erfüllte die Hoffnungen nicht. Innocentius erwartete, dass die Beziehungen zwischen den Kirchen von Byzanz und Rom sich verbesserten, was zu einer Vereinigung beider Kirchen führen könnte. Tatsächlich aber wurde Byzanz durch die westliche Verwaltung nur geschwächt. Als Konstantinopel 1261 von Dandolos Marionettenregierung wieder an das byzantinische Reich überging, wendete sich das Blatt. Byzanz sprach die Handelsrechte Genua zu, das damit die Herrschaft über das Mittelmeer erhielt. Die Griechen wiesen die Autorität des Papstes zurück, die beiden Kirchen sind bis heute getrennt. Die Byzantiner vertrauten ihren Glaubensbrüdern nie mehr. Byzanz nahm Abstand vom Westen und geriet mehr und mehr in den Einflussbereich des Islam. Im Vergleich zur Vorherrschaft des Westens galt die der Ottomanen als das kleinere Übel. In Byzanz verbreitete sich der Spruch, der Turban der Türken sei immer noch besser als die Tiara des Papstes. Trotz der allgegenwärtigen Bedrohung durch die Türken betrachteten viele Byzantiner die Hilfe des Westens als problematisch. 1453 eroberten die Ottomanen Konstantinopel. Das Reich Byzanz existierte nicht mehr, und die Stadt erhielt den Namen Istanbul.

Religiöse Differenzen hatten Byzanz geschwächt und schließlich seinen Untergang besiegelt. Ebenso geschah es in Indien. Das an ein luxuriöses Leben gewöhnte Reich der Moguln in Nordindien glich zur Zeit des Herrschers Aurangzeb in seiner Maßlosigkeit dem Römischen Reich.

Ein Morgen in der alten Stadt Delhi: Muslime mit weißer Kopfbedeckung haben sich in der gewaltigen Moschee Jama Masjid zum Gebet versammelt. Von der Moschee aus hat man eine atemberaubende Aussicht auf das muslimische Viertel und auf die rote Festung Lal Quila, die Shah Jahan im 17. Jahrhundert als Palast für sich bauen ließ. Er ließ auch Jama Masjid und den als schönstes Gebäude der Welt bezeichneten Taj Mahal in Agra bauen, von wo er die Hauptstadt des Mogulreichs nach Delhi verlegte. Bis heute nennen die Muslime das alte Delhi *Shah Jahanabad*, Shah Jahans Stadt.

Bescheidenheit zählte nicht zu den Eigenschaften der Mogulherrscher. Der Name *Jahangir* bedeutet Welteroberer, *Shah Jahan* König der Welt. Als Shah Jahans Sohn Aurangzeb 1658 den Thron bestieg, begann der innere Zerfall des Reichs. Der Grund war Aurangzebs Maßlosigkeit. Unmittelbar nach der Thronbesteigung ließ er seinen Bruder Dara und dessen Familie gefangen nehmen und ein Jahr später hinrichten. Dara hatte die Künste gefördert und war in religiösen Fragen tolerant gewesen. Aurangzeb war aus anderem Holz geschnitzt. Er war ein strenger Muslim und nahm sich keine Zeit für die Verbündeten seines Vaters oder die Hindu-Aristokraten. Alle Hindu-Herrscher wurden den Mogul-Amiren, dem höchsten Adel, untergeordnet. Als irrgläubig angesehene religiöse Bewegungen erstickte Aurangzeb mit Hilfe der Geheimpolizei. Er versuchte, Sikhs und Hindus durch Zwangsmaßnahmen zu bekehren, ließ Hindutempel abreißen und stattdessen Moscheen bauen.

Die Verachtung der Hindus unter der Herrschaft Aurangzebs hinterließ Spuren. Die Hindus setzten sich gegen die Moguln zur Wehr und gründeten 1664 das Reich Maratha, gegen das Aurangzeb bis an sein Lebensende einen zermürbenden Kampf führte. Shivaji, der Herrscher von Maratha, bediente sich der Partisanentaktik und gewann nach und nach Teile des Reichs der Großmogul für sich. Im Bundesstaat Maharashtran gilt er bis heute als Nationalheld.

Mit seinem Stolz und Eigensinn brachte Aurangzeb die Moguln in immer größere Schwierigkeiten. Er zerstörte die Ländereien der Bauern von Maratha, was den Widerstandsgeist der Geschädigten weckte. Als Tarabai, die Witwe des Hindu-Regenten, ihm Frieden anbot, lehnte er ab. 1679 führte er eine Kopfsteuer für alle Nichtmuslime ein. Die Bauern verweigerten die Zahlung, die Einkünfte gingen zurück, aber die Angriffe auf ländliche Gebiete nahmen zu.

Aurangzeb starb 1705 als verbitterter Mann. «Ich bin einsam und verlassen, und Leid ist mein Schicksal», schrieb der letzte große Mogulherrscher.

Die Macht der Moguln zerbrach letztlich an ihren bombastischen Intrigen. Vier der Nachfolger Aurangzebs wurden ermordet und einer unter Hausarrest gestellt. Die Gegner der Moguln gewannen die Oberhand. Schließlich übernahm Maratha das Mogulreich.

Aurangzeb ist eine umstrittene Gestalt in der Geschichte Indiens. Seine rigorose Einstellung gegenüber den Hindus wirkt sich möglicherweise heute noch auf die Konflikte zwischen den religiösen und politischen Gruppierungen in Indien und Pakistan aus.

Allen Imperien ergeht es letzten Endes schlecht: Sie werden gierig und beginnen ihre Größe für selbstverständlich zu halten – mit verhängnisvollen Folgen.

LACHEN UEBER DEN DIALEKT
DES VETTERS VOM LANDE

Im September 2005 berichteten die Medien über den etwa vierzigjährigen Kevin Tester. Der Engländer Tester hatte seinen Urlaub am Schwarzen Meer in Bulgarien verbracht. In einer Karaokebar nahm der Urlaub ein missliches Ende. Als Tester dort ein einheimisches Paar singen hörte, bekam er einen Wutanfall. Er griff die beiden an, trat sie und stürzte sich dann auf die anderen Gäste, die er als vulgär beschimpfte. Der Grund? Die Einheimischen konnten den Text des Queen-Songs «We are the Champions» nicht richtig aussprechen. Der selbsternannte Sprachpfleger wurde für vierundzwanzig Stunden in Haft genommen.

Menschen, die eine fremde Sprache fehlerhaft sprechen,

werden oft für geistig beschränkt gehalten. Die Hindus bezeichneten die westlich des Flusses Indus lebenden Menschen als *mleccha*. Darunter verstand man Ausländer, Nichtarier, die nicht richtig Sanskrit sprachen. Ein zweiter Terminus war *barbara*, was Stotterer bedeutete. Diese waren verachtenswert und kastenlos. Im *Mahabharata* werden Ausländer als Höhlenmenschen mit verzerrten Fratzen dargestellt. Das Wort Barbar stammt aus dem Altgriechischen (*barbaros*). Homer sagte über die Völker Kleinasiens, sie sprächen barbarisch. Barbarisch bedeutete eine Sprache, die die Griechen nicht verstanden (*bar bar*). Aischylos tat die Perser als Barbaren ab, weil sie «wie Pferde sprachen».

Die Berber in Nordafrika erhielten ihren Namen von den Römern, in deren Augen sie Barbaren waren. Die Berber selbst verwendeten diese Bezeichnung nicht. Die Römer sahen überall Barbaren, auch im Norden und Osten. Für sie waren die Germanenstämme und die Goten ein und dieselbe, in Wäldern und Steppen lebende wilde Nomadenmeute, die unverständliche Dialekte sprach.

Mitunter wird eine fremde Sprache gar nicht als Sprache angesehen. So berichtete Kolumbus beispielsweise in einem Brief vom Oktober 1492, er nehme sechs Indianer nach Spanien mit, damit sie «vielleicht sprechen lernen». Die Holländer nannten die Angehörigen des Xhosa-Stammes in Namibien und Südafrika *Hottentotten*, was Gluckser und Stotterer bedeutet. Der Friedensnobelpreisträger und ehemalige Präsident von Südafrika Nelson Mandela, der international bekannteste Xhosa, interessierte sich für die holländische Kultur und lernte während seiner siebenundzwanzigjährigen Gefangenschaft sogar Afrikaans.

In Europa, anders als in Afrika, gibt es nur wenige Staaten mit mehreren offiziellen Sprachen. In Finnland weiß man, wie schwedischsprachige Namen geschrieben werden, während die Ignoranz der Schweden in Bezug auf Finnland und das Finnische legendär ist. Der finnische Schriftsteller Kari Hotakainen, der den Literaturpreis des Nordischen Rates sowie den Skandinavischen Dramenpreis erhalten und in Schweden Zehntausende von Büchern verkauft hat, hieß in einer Meldung der Zeitung *Dagens Nyheter* über die Preisverleihung Kari Hotkainen. Das bezeichnendste Beispiel für die sprachliche Arroganz der Schweden stammt jedoch aus dem Frühjahr 2009, als die Bank Nordea die IPO ihrer Aktienemission nur auf Schwedisch und Englisch veröffentlichte. Die Mehrheit der Besitzer von Nordea sind finnischsprachige Finnen.

Die Vertreter großer Sprachgebiete sind von Natur aus überheblich. Der Schriftsteller Ian Fleming, der Erfinder von James Bond, erhielt Anfang der 1960er Jahre den Auftrag, ein Buch (*Thrilling Cities*) über seine Reise um die Welt zu schreiben. Fleming putzt souverän alle Länder herunter, die er besucht, aber die größte Verärgerung empfindet er im Libanon. Der Grund? Auf dem Flughafen von Beirut werden die Durchsagen zuerst auf Arabisch gemacht. Nach Flemings Ansicht ist dies das Merkmal eines kleinen, sich aufblähenden Landes!

Die Einwohner großer Sprachgebiete ärgern sich, wenn man ihre Muttersprache gebrochen spricht, aber noch erboster sind sie, wenn man ihre Sprache gar nicht beherrscht. Bei einer Umfrage unter 4500 Hotelangestellten in der ganzen Welt (Expedia Best Tourist Index 2009) wurden die Franzosen zu den schlimmsten Touristen gewählt. Man legte ihnen Unfreundlichkeit und mangelnde Sprachkenntnisse zur Last.

Große Kulturen hüten ihre Sprache mit Hilfe des Fernsehens. Infolge der Synchronisierung mangelt es im größten Teil Europas an Fremdsprachenkenntnissen. Einer meiner deutschen Freunde behauptet unbeirrbar, die Synchronisation sorge dafür, dass man Filme genießen kann. Man brauche sich nicht anzustrengen, um eine fremde Sprache zu verstehen, und könne sich auf die Nuancen des Films konzentrieren, statt die Untertitel zu lesen. Deshalb spricht John Wayne im deutschen Fernsehen fehlerloses Hochdeutsch. Nach dem Zweiten Weltkrieg wurde die Synchronisation in Italien, Spanien und Deutschland sogar gesetzlich vorgeschrieben!

In Europa kämpfen zwei Nationen unablässig um das Recht, ihre Muttersprache überall verwenden zu dürfen. Die Briten haben dabei viel erreicht, denn der Rest der Welt muss Englisch als offizielle Sprache des Handels verwenden – und das ist für die Franzosen schwer zu verdauen.

Am 23. März 2006 fand die jährliche Frühjahrssitzung der Europäischen Union statt. Ernest-Antoine Seillière, der Leiter des französischen Arbeitnehmerverbandes Unice, hielt vor fünfundzwanzig Staatsoberhäuptern Europas eine Rede. Nach den ersten Sätzen unterbrach ihn der französische Präsident Chirac mit der Frage, warum er nicht seine Muttersprache verwende. Seillière hatte Englisch gesprochen. Er begründete diese Entscheidung mit dem Hinweis, Englisch sei die Sprache des Wirtschaftslebens. Das konnte Chirac nicht akzeptieren. Er marschierte mit seinen beiden Ministern aus dem Saal. Chirac erklärte, er sei zutiefst schockiert gewesen, einen Franzosen zu erleben, der sich in der falschen Sprache ausdrücke. Frankreich kämpfe seit langem um seine Sprache und habe dafür gesorgt, dass sie bei den Olympischen Spielen, in der UN und in der Europäischen Union gesprochen wurde. Seiner Ansicht nach dürfe die Welt sich nicht auf eine einzige Sprache beschränken.

Chirac setzte seinen eigentümlichen Kampf für die französische Sprache fort. Bei einer UN-Versammlung gab er vor, die auf Englisch gestellten Fragen nicht zu verstehen, und forderte den britischen Premierminister Tony Blair auf zu dolmetschen. Chirac, der in den Vereinigten Staaten studiert hatte und in Wahrheit gut Englisch sprach, fügte mit seinem bornierten Verhalten den Beziehungen zwischen Frankreich und der angloamerikanischen Welt erheblichen Schaden zu.

Die Empfindlichkeit der Franzosen bezüglich ihrer Sprache ist allgemein bekannt. In Frankreich muss man unter Umständen eine Geldbuße zahlen, wenn man in offiziellem Kontext englische Ausdrücke verwendet. Es überraschte niemanden, als der französische Präsident Nicolas Sarkozy unmittelbar nach seinem Amtsantritt vorschlug, der internationale Kanal TF1 solle ausschließlich Sendungen in französischer Sprache ausstrahlen.

Weniger bekannt ist, dass die Franzosen die Position ihrer Sprache als Weltsprache gerade durch ihre Überheblichkeit verspielten.

Am frühen Abend des 27. September 1066 hissen vierhundertfünfzig Schiffe die Segel und bringen achttausend Mann und zweitausend Pferde aus der Normandie nach England. Am nächsten Morgen landet die Flotte an der englischen Küste. Wilhelm, der Herzog der Normandie, geht an Land und marschiert mit seinen Männern nach Hastings. Dort entscheidet sich die Zukunft Englands.

König Harald und seine Truppen stellen sich den Normannen entgegen. In der Schlacht von Hastings werden die Angelsachsen geschlagen, und Harald findet den Tod. Der Sieg macht aus Wilhelm dem Bastard Wilhelm den Eroberer, den König von England, und ihm ist es zu verdanken, dass das Englische zu einer bedeutenden Sprache wurde. Die normannischen Adligen, die ihre Kinder zum Schulbesuch nach Paris schickten, hatten nämlich feststellen müssen, dass die Pariser sie für Bauerntölpel hielten. In Paris waren die ungehobelten, mit Kehllauten sprechenden Normannen verspottet worden. Nachdem sie nun England erobert hatten, begannen sie sich von Frankreich zu distanzieren und Stolz auf ihre neue Sprache, das Englische, zu entwickeln.

Die Koexistenz und Vermischung von Französisch und Englisch ging zügig vor sich. Das Englische übernahm mehr als 10 000 neue Wörter aus dem Französischen der Normannen. Allerdings bestieg erst 1399 mit Heinrich IV. ein Herrscher den Thron, dessen Muttersprache englisch war.

Dem Englischen erging es anders als dem Sanskrit. In Indien blieb das Sanskrit eine Sprache der Elite, die nur wegen der Religion und der Literatur erlernt wurde. Es war eine Sprache der Snobs, deren Reinheit und Gebrauchsrecht von den Brahmanen überwacht wurde. Heute wird sie nur noch von einigen Tausend Menschen gesprochen.

Aber auch das Englische verwandelt sich in eine uneinheitliche Sprache mit zahlreichen lokalen Dialekten und Varianten. So ist zum Beispiel das in Finnland gesprochene Finglish eine Mischung aus Englisch und Finnisch. Häufig versucht man gar nicht erst, englischsprachige Begriffe zu übersetzen. Es ist völlig normal, von der *balance score card* des *key account managers* zu sprechen, die den Zeitraum *quarterly 1* abdeckt. Die seltsame Mischung aus Englisch und der eigenen Muttersprache, die in den skandinavischen Ländern üblich geworden ist, öffnet den Weg in Führungspositionen.

Die dominierende Sprache wechselt. Diese Position hatten bereits Babylonisch, Persisch, Griechisch, Aramäisch, Arabisch und Latein inne. In der globalen Wirtschaft kann niemand mehr davon ausgehen, dass er allein mit seiner Muttersprache zurechtkommt. Die meistgesprochene Sprache der Welt ist heute das Mandarin, so schmerzhaft dies Menschen aus dem Westen erscheinen mag. Auch das Englische wird in Zukunft vielleicht vom Mandarin als Weltsprache abgelöst werden, wenn sich der Schwerpunkt des Welthandels nach China verlagert. Wer weiß?

IV DIE BESSEREN MENSCHEN

In diesem Kapitel wird erörtert,
warum wir dazu neigen,
schönere und stärkere Menschen für
besser zu halten. Gleichzeitig zeigt sich,
weshalb Menschen, die erfolgreicher
sind, sich selbst mehr Rechte
zugestehen als anderen.

DER MULTIMILLIONAER Sir Richard Branson wählte die Kandidaten für die Fernsehsendung *The Rebel Billionaire* aus. Dem Sieger in diesem Wettbewerb winkte der Posten des Direktors von Bransons Unternehmen Virgin.

Die Kandidaten wurden in Taxis zu Bransons Residenz gebracht. Am Steuer saß jedes Mal Branson selbst, der sich als hinkender Taxifahrer verkleidet hatte und unterwegs gemütlich plauderte. Am Ziel legte Branson seine Maskerade ab. Zwei der Kandidaten schloss er sofort vom Wettbewerb aus, weil sie sich im Taxi schlecht benommen hatten. Nach Bransons Ansicht wäre eine verächtliche Einstellung gegenüber einfachen Leuten für seine Firma vernichtend.

Jeder kann sich Gedanken darüber machen, ob er Bransons Test bestanden hätte. Wie oft klassifizieren wir andere aufgrund ihres Verhaltens, ihrer Hobbys, ihrer Kleidung, ihres Äußeren und ihres Jobs als Erfolgreiche oder Loser?

Die Verkleidungstaktik verwendete auch Ruth Reichl, die Gastronomiekritikerin der *New York Times*. Mit ihrer Gründlichkeit und Pfiffigkeit revolutionierte sie die Restaurantkritiken der renommierten Zeitung. Um ein verlässliches Bild vom Niveau zu gewinnen, besuchte Reichl jedes Restaurant zweimal, einmal in eigener Person und einmal in Verkleidung. Mal war sie eine gewöhnliche Hausfrau aus dem Mittleren Westen, mal eine schüchterne Oma, die von ihrer knappen Rente wenigstens einmal im Leben in einem vornehmen Ambiente speisen wollte. Natürlich merkte Reichl, dass der Service anders ausfiel, wenn anstelle der prominenten Kritikerin eine gewöhnliche Sterbliche ein Spitzenrestaurant betrat. Von der Normalverbraucherin Reichl wurde eine Tischreservierung gefordert, man ließ sie an der Bar warten und bot ihr nichts zu trinken an. Ihr wurden andere Gerichte empfohlen als an den Nachbartischen, und die Weinkarte wurde ihr weggenommen, wenn bessere Gäste kamen. Als Reichl in ihrer wahren Identität – als gefürchtete Gastronomiekritikerin – dieselben Restaurants besuchte, war der Service wie umgewandelt. Das Essen wurde in kürzester Zeit serviert, und die Küche spendierte immer einen zusätzlichen Leckerbissen. Reichl war von dieser ungleichen Behandlung so schockiert, dass sie ein Buch über ihre Erlebnisse schrieb.

Branson und Reichl zeigten auf geradezu märchenhaft klassische Art, dass die Geschichten vom hässlichen Entlein auch in der heutigen Welt wahr sind. In ihrer Verkleidung erkannten sie die anhaltende Neigung der Menschen, andere aufgrund ihrer äußeren Erscheinung zu beurteilen. Häufig glauben wir, den Rang eines anderen Menschen feststellen zu können, indem wir ihn einfach nur ansehen. Wir sind zu bequem, uns genauer mit ihm zu befassen, der erste Eindruck genügt. Bei Einstellungsgesprächen fallen nicht wenige Personalchefs auf eine gute äußere Form mit dürftigem Inhalt herein. Da wir neunzig Prozent unserer Wahrnehmungen mit dem Gesichtssinn machen, werden wir von visuellen Reizen manipuliert.

Manche achten vor allem auf die Kleidung. Andere bilden sich ihre Auffassung aufgrund der Ausbildung oder des Wortschatzes ihres Gegenübers. Oder aufgrund des Wagens, den der Betreffende fährt.

Am Psychologischen Institut der Universität von Wales wollte man herausfinden, welchen Einfluss Anzeichen für materiellen Wohlstand darauf haben, wie sexy eine Person wirkt. Einer Gruppe von Frauen im Alter von einundzwanzig bis vierzig Jahren wurden Fotos von ein und demselben Mann am Steuer eines silbernen Bentley Continental und eines verbeulten Ford Fiesta vorgelegt. Im Bentley wirkte der Bursche erheblich attraktiver als im Fiesta. Die Untersuchung zeigte auch, dass es für die Männer keine Rolle spielte, in welchem Auto eine Frau saß. Nach Ansicht des Psychologen Dunn beurteilen Männer die Gesichtszüge und den Körperbau von Frauen, während Frauen dazu tendieren, den materiellen Status eines potentiellen Ehepartners abzuschätzen.

Gelten in anderen Kulturen dieselben Werte? Der amerikanische Psychologe D. M. Buss untersuchte Kriterien der Partnerwahl in siebenunddreißig Kulturen. Die Schlussfolgerung ist hart, aber nicht überraschend. In allen Kulturen wurden Gesundheit und Lächeln geschätzt. Die Männer prahlten hemmungslos mit ihrem Wohlstand, demonstrierten gern ihre Kraft und suchten schöne junge Frauen. Die Frauen wiederum bevorzugten Partner, die reich und ehrgeizig waren.

Je attraktiver ein Mensch ist, desto leichter bekommt er Arbeit und ein besseres Gehalt, behauptet der Sozialpsychologe Michael Argyle. Charmante junge Amerikanerinnen kommen vor Gericht zudem mit milderen Strafen davon. Das klingt ungerecht? Das Äußere hat seit je eine entscheidende Rolle gespielt. Zu allen Zeiten wurden schöne Menschen besser behandelt als andere.

Im Mittelalter wurde großes Gewicht auf ein vorteilhaftes Aussehen gelegt. Hannele Klemettilä zufolge glaubte man, dass Leib und Seele ein untrennbares Ganzes bildeten, weshalb die äußeren Züge einen Hinweis auf das innere Wesen gaben. Hässlichkeit galt als typisch für unbedeutende, schlechte und sündhafte Menschen. Ein Mann musste muskulös sein – allerdings nicht zu muskulös, denn das deutete auf körperliche Arbeit und niedrigen Status hin.

Im Italien des Mittelalters wurde ein übergewichtiger Mensch der herrschenden Klasse und ein Magerer den Armen zugeordnet. Erst im 19. Jahrhundert verbreitete sich allmählich das Schlankheitsideal. Bis zum Zweiten Weltkrieg galt gebräunte Haut als Zeichen für eine niedrige gesellschaftliche Position. Nur wer körperlich arbeitete, wurde braun. Erst als die Modekönigin Coco Chanel ihre Bräunung stolz zur Schau stellte, begannen auch andere Reiche, sich zu sonnen.

Im Mittelalter war auch die Kleidung an den Stand gebunden. Luxusgesetze regelten die standesgemäße Ausstattung. Solange der Einzelne nicht über die Stränge schlug, hatte die von Gott gegebene Harmonie Bestand. In Venedig war ein Senator an seinem schwarzen Gewand, eine Prostituierte an ihrem gelben Kleid und ein Jude an seinem Stern zu erkennen. Im alten China durften sich nur der Kaiser und die wichtigsten Hofbeamten in Seide kleiden. Im Europa der Barockzeit konnte man sich in besseren Kreisen nur behaupten, wenn man in Schuhen mit hochhackigen Absätzen ging, eine Perücke trug und sich das Gesicht puderte. Es wäre eine totale Katastrophe gewesen, vom allgemeinen Verhaltenskodex abzuweichen, indem man etwa ohne genau vorgeschriebene Floskeln seine eigene Meinung äußerte. Die Wendung *auf großem Fuß leben* geht darauf zurück, dass im Mittelalter nur die Barone das Recht hatten, grotesk lange Schuhe zu tragen. Beim gewöhnlichen Volk durfte der Schnabel höchstens fünfzehn Zentimeter lang sein.

Die Reichen haben heute noch die Angewohnheit, durch ihre Kleidung zu signalisieren, dass sie einer besonderen Kaste angehören. Schuhe aus Schlangenleder und Kleider mit Leopardenmuster werden nicht nur deshalb getragen, weil sie rar und teuer sind, sondern auch, weil sie latente Furcht erregen. Raubkatzen machen seit mehr als zwei Millionen Jahren Jagd auf Menschen – die Färbung ihres Fells hat unsere ästhetischen Vorlieben also zwangsläufig beeinflusst. Deshalb trug zum Beispiel Mobutu Sese Seko, der Schreckensherrscher im ehemaligen Zimbabwe, gern Kleidung mit Panthermuster.

Die zwischenmenschliche Kommunikation wird in unserer Zeit noch visueller als zuvor. Gesehen zu werden ist wichtiger, als Gehör zu finden. Das Bedürfnis, die Blicke auf sich zu ziehen, ist eins der Kennzeichen westlicher Kultur, denn öffentliche Wahrnehmung gilt als Maßstab des Erfolgs. Die Dominanz des Visuellen vernebelt allerdings unseren Verstand und macht uns leichter manipulierbar.

In den Vereinigten Staaten verwendet man für Prominente den Ausdruck *celebrity*, in Europa kennt man die prosaischere Wendung «bekannt aus dem Fernsehen». In den USA wird der Wert der Promis sogar gemessen. Die Zeitschrift *Forbes* führt eine Rankingliste mit 1400 Promis, die auf einer Skala von null bis zehn bewertet werden (*star currency*). Auf dieser Liste sind fast ausschließlich Schauspieler und Sänger vertreten.

TV-Promis werden oft als vielseitig begabt dargestellt, als besondere Wesen, die den normalen Menschen in jeder Hinsicht überlegen sind. Hollywood-Schauspieler «erwerben» im Handumdrehen die Fertigkeiten, die sie für ihre Rollen brauchen, und erreichen ein Niveau, das die Profis, die sie unterrichten, «verblüfft». Der Drehbuchautor Joe Eszterhas schreibt in seinen Memoiren, vielen Schauspielern habe es nicht genügt, nur ihre Rolle zu spielen. Wenn die Egos kollidierten, war es in der Regel der Drehbuchautor, der den Kürzeren zog. So hatte zum Beispiel der Film *F.I.S.T. – Ein Mann geht seinen Weg* zwei Drehbuchautoren, von denen allerdings nur einer tatsächlich am Schreibprozess beteiligt war. Als der Film floppte, wusch Sylvester Stallone seine Hände in Unschuld und erklärte, das Drehbuch sei allein Eszterhas' Werk.

Gutaussehende Prominente, die fähig sind, von anderen verfasste Texte fließend vor der Kamera zu lesen, gelten oft als Experten für alle nur denkbaren Themen. In jedem Frühjahr werden für die Boulevardzeitungen Showgirls mit einer

Gartenschere abgelichtet, selbst wenn Gartenarbeit für sie so alltäglich wäre wie Winterreifen für Araber. Die heutige Medienkultur hat die Vorstellung erzeugt, Normalität sei negativ oder lächerlich. Selbst in Naturdokus braucht man heute einen prominenten Gast, obwohl doch die Natur die Hauptrolle spielen sollte. Die grundlosen Auftritte von Prominenten in den verschiedensten Sendungen geben zu verstehen, dass das jeweilige Thema als solches nicht genügt, sondern von einer bekannten Persönlichkeit präsentiert werden muss. So verwundert es nicht, dass eine Lokalzeitung 2009 über die Eröffnung des Opernfestivals in Savonlinna mit der Schlagzeile berichtete, es seien keine Prominenten zur Eröffnung gekommen – als wäre dies der wichtigste Aspekt der Festspiele.

Die Wertschätzung der TV-Prominenz treibt seltsame Blüten. Als Charly Pasternak, ein renommierter Forscher am Finnischen Außenpolitischen Institut, welterfahren und sprachkundig, 2009 bei der EU-Wahl kandidierte, pries er nicht etwa seine Verdienste an, sondern warb damit, er sei «aus dem Fernsehen bekannt». Die Anbetung der Prominenz geht so weit, dass echtes Sachverständnis fast als Handicap betrachtet wird! Das musste auch David Attenborough erleben.

Die besten Naturdokus der Welt entstehen in den BBC-Studios in Bristol, was weitgehend das Verdienst von David Attenborough ist, dem berühmtesten «sprechenden Kopf» der Branche. Er reformierte die dokumentarische Darstellung, schuf ein Format und machte die zehnteiligen Serien, deren Folgen mehr als fünfzig Minuten lang waren, weltweit populär. Nur nicht in den Vereinigten Staaten. Als die mit internationalen Auszeichnungen bedachte Serie *Life on Earth* dort angeboten wurde, erwiesen Attenborough und sein Englisch sich überraschend als Problem. Man erklärte Attenborough, sein britisches Englisch sei für das amerikanische Publikum zu schwierig, weshalb sein Rede-Anteil in amerikanischem Englisch synchronisiert würde. Doch damit nicht genug. Attenboroughs Auftritte – einschließlich der berühmten Szene, in der er auf dem Schoß eines Gorillas sitzt – müssten herausgeschnitten werden; stattdessen solle beispielsweise der Schauspieler Robert Redford auftreten. In seinen Memoiren berichtet Attenborough amüsiert, die Amerikaner hätten die Hoffnung geäußert, er möge über diesen Vorschlag nicht beleidigt sein. Natürlich war er beleidigt! Letzten Endes wurde die Serie nur von dem öffentlich finanzierten Sender PBS ausgestrahlt.

Für das kommerzielle amerikanische Fernsehen war Attenborough nicht attraktiv genug. Er sah aus wie ein Durchschnittsmensch. Der Wissenschaftler Kalle Haatanen hat ironisch angemerkt, in den Medien seien Durchschnittsmenschen immer Einfaltspinsel, Landpomeranzen und groteske Objekte des Fremdschämens. Wie die Tiere in den Naturdokus werden Haatanen zufolge in den Medien die Normalos in ihrer Lebensumwelt gezeigt: in Supermärkten oder irgendwo sonst, nur nicht in den Zentren großer Städte oder in Positionen, die besondere Kompetenzen erfordern. Die Formate des Reality-TV machen das Anstarren noch leichter. Statt der Tiere im Zoo, so Haatanen, können wir uns besoffene Idioten ansehen, die um die Aufmerksamkeit des anderen Geschlechts buhlen. Der Begriff Durchschnittsmensch ist als solcher ein Zeichen für eine überhebliche Einstellung. Wenn es darum geht, einen Durchschnittsbürger nach seiner Einstellung zur EU-Verfassung zu fragen, ist ein Nordic Walker im raschelnden Windanzug der feuchte Traum jedes Reporters. Allerdings wäre es ein Fiasko, sollte sich herausstellen, dass der Nordic Walker ein Professor für Politologie oder der Außenminister in ungewohnter Kleidung ist, denn Haatanen zufolge haben Normalos im Fernsehen die Aufgabe, «zu winseln und zu stottern».

An der Via Montenapoleone in Mailand sind die wichtigsten Modehäuser – von Louis Vuitton bis Armani – vertreten. Saudiarabische Millionärsgattinnen gehen mit ihren Einkaufstüten auf einen Espresso ins Café Cova. Die Kellner tragen Boss, ich Shorts. Ich bin am schlechtesten angezogen. Mein Erscheinungsbild krönen ein leicht übergewichtiger Körper und ein sonnengerötetes Gesicht, das eine kirschrote Nase ziert. Für die eleganten Mailänder bin ich ein typischer Barbar von nördlich der Alpen.

Im italienischen Fernsehen wird die Verherrlichung des Äußeren zum Extrem getrieben. Blondinen mit großem Busen und in Netzstrümpfen interviewen, moderieren, stellen Quizfragen und sagen das Wetter vorher. Es gibt keinen Unterschied zwischen öffentlichen und kommerziellen Sendern: Normal aussehende Menschen haben vor der Kamera nichts zu suchen, wenn sie nicht zufällig Komiker sind.

Veronica Lario Berlusconi, die Frau des italienischen Ministerpräsidenten Silvio Berlusconi, ließ sich im Mai 2009 nach neunzehn Ehejahren scheiden, weil das Faible ihres Mannes für die Fernsehgirls ihrer Ansicht nach perverse Dimensionen annahm. Die spärlich bekleideten Schönheiten, die sich in den Sendern des Medienmoguls zur Schau stellen, dazu die taktlosen Bemerkungen des als führender Chauvinist seines Landes bekannten Berlusconi wurden ihr zu viel. Schon 2007 hatte Berlusconi die Abgeordnete der rechtsgerichteten Forza Italia, das ehemalige Fernsehstarlet Mara Carfagna, gepriesen und verkündet, er würde sie sofort zur Frau nehmen, wenn er nicht bereits verheiratet wäre. Vor der Europawahl suchte Berlusconi als Kandidatinnen für seine Partei Il Popolo della libertà Frauen aus, deren Verdienste seine Ehefrau öffentlich anzweifelte. Ihrer Ansicht nach war es «schamloser Unsinn», zur Wahl «ehemalige Schönheitsköniginnen, Fernsehstarlets und Schauspielerinnen» aufzustellen.

Der in Italien lebende Schriftsteller Tobias Jones berichtet in seinem Buch *Italien – das dunkle Herz des Südens* mit scharfer Kritik, dass in Italien nur schöne Menschen aufsteigen. Die Bikinimädchen im Fernsehen heißen *le veline*. Sie sind ein wichtiges Element des Programms. Sie tanzen nämlich zu Beginn jeder Show dreißig Sekunden lang.

Es gibt immer zwei *veline*, eine Brünette und eine Blondine. Von Jahr zu Jahr steigt die Zahl der Bewerberinnen, denn den Auserwählten wird in der Regel eine Fernsehkarriere garantiert. Viele von ihnen finden auch außerhalb des Fernsehens Beschäftigung, sie werden zum Beispiel Abgeordnete oder heiraten einen bekannten Fußballer.

Beppe Severgnini, der Kolumnist der Zeitung *Corriere della Sera*, schreibt, die Italiener hätten einen übermächtigen Sinn für Schönheit, der die Art ihres Daseins bestimme. Das Wichtigste sei *la bella figura*, das Erscheinungsbild, nicht der tatsächliche Sachverhalt. Deshalb beurteilen die Italiener Bücher nach dem Einband, Politiker nach ihrem Lächeln, Lampen nach dem Design und Personen nach ihrem Titel.

Äußerlich imposante Menschen erreichen leichter eine gute gesellschaftliche Position. Macht und Prestige waren natürlich auch durch Kraft zu gewinnen. Vor allem in der Feudalgesellschaft des Mittelalters und in Indien entstand eine Klasse der Krieger, aus der sich später der Adel entwickelte.

Im Oktober 2008 beschloss Libyen, seine Konten bei Schweizer Banken zu kündigen: Es ging um schätzungsweise sieben Milliarden Dollar. Gleichzeitig stellte Libyen den Export von Öl in die Schweiz ein. Im Februar 2010 forderte Muammar Gaddafi seine Glaubensbrüder auf, Schweizer Flugzeuge und Schiffe aufzuhalten, Schweizer Produkte zu boykottieren und einen heiligen Krieg, einen Dschihad, gegen die Schweiz zu führen.

Der Anlass war die Behandlung seines Sohnes Hannibal Gaddafi: Im Juli 2008 waren Hannibal Gaddafi und seine Frau in der Schweiz verhaftet worden, weil sie zwei ihrer Dienstboten misshandelt hatten. Die Libyer waren nicht über die Misshandlungen erschüttert, sondern über die Verhaftung der Täter. Sie forderten eine Entschuldigung von der Schweiz. Diese Reaktion zeigte, dass die herrschende Elite in manchen Ländern Sonderrechte genießt.

Hannibal Gaddafi hatte sich durch seine Missetaten einen etwas anderen Ruf erworben als sein Namensvetter, der General der Karthager. 2001 griff er im Hilton die Polizisten an, die über seine Sicherheit wachten, bewarf sie mit Flaschen und leerte einen Schaumlöscher. Drei Beamte landeten im Krankenhaus, doch gegen Hannibal Gaddafi wurde nichts unternommen, da er diplomatische Immunität genoss. Drei Jahre später fuhr er auf den Champs-Elysées in Paris mit hundertvierzig Stundenkilometern über eine rote Ampel – in der falschen Richtung. Ein Verkehrspolizist, der ihn anhielt, wurde von den sechs Leibwächtern Gaddafis attackiert und verletzt.

Hannibal Gaddafi wurde erneut verhaftet, als er eine Begleiterin misshandelte, die seine Annäherungsversuche abgewehrt hatte. Er versuchte die Tür zum Hotelzimmer der

Frau aufzubrechen, und bedrohte die Sicherheitskräfte des Hotels mit seiner halbautomatischen Pistole. Frankreich legte bei den libyschen Behörden eine offizielle Beschwerde gegen ihn ein.

Von ihrer Macht geblendete Großtuer wie Hannibal Gaddafi findet man in der Geschichte der Menschheit immer wieder. In den frühen Gemeinwesen gab es jedoch keine privilegierte Klasse, keinen Adel und keine Reichen. Vielleicht dominierten die Gesunden und Starken, aber VIP-Clubs kannte man nicht. Man brauchte nicht so viel Zeit auf problematische Charaktere zu verschwenden wie heute. Die Gemeinwesen waren klein. Von der Jagd abgesehen, waren Waffen eine Seltenheit. Solange es genug freies Land gab, brauchte man keine Kämpfe zu führen. Wenn die Spannungen zu groß wurden, konnte man jederzeit eine neue Gemeinschaft gründen und weiterziehen.

Johan Goudsblom stellt in seinem Buch *Die Entdeckung des Feuers* die Behauptung auf, dass erst durch die Landwirtschaft Gesellschaftsklassen entstanden. Die kulturellen Unterschiede zwischen den Gemeinschaften und in ihrem Innern nahmen zu. Allmählich erlangten einige mehr Macht und Besitz und eine höhere Position. Als die Bevölkerungszahl stieg, wurden die Gemeinschaften vielschichtiger, und neue Aufgaben führten zur Arbeitsteilung und zur Entstehung von Berufsklassen: Soldaten, Bauern, Händler und Priester.

Das Kastenwesen ist ein gutes Beispiel für diese Entwicklung. Es ist ein Schandfleck Indiens und Nepals, der offiziell nicht existiert; dennoch preisen vor allem die Angehörigen der höchsten Kaste gern ihre eigene Vortrefflichkeit. Ich erinnere mich sehr gut daran, wie ein machohaft auftretender Reiseleiter unsere Reisegruppe in New Delhi irritierte. Er ließ sich über die Vernünftigkeit arrangierter Ehen und die natürliche Einteilung der Gesellschaftsklassen aus.

Das Kastenwesen entstand aus der Trennung in Arier und Nichtarier. Die Arier, ein indoeuropäisches Kriegervolk, eroberten um 1500 v. Chr. Nordindien und vertrieben die dunkelhäutigeren Drawiden nach Süden. Die Arier hatten keine Achtung vor der örtlichen Bevölkerung und behandelten sie in der gleichen Art wie die Briten die Aborigines in Australien. Um ihre Macht zu sichern, schufen sie das Kastensystem.

Der *Atharvaveda* ist eine der Veden, die vom 16. bis 11. Jahrhundert v. Chr. geschrieben wurden. Er enthält Gebete und Zauberformeln, umreißt aber auch die Gesellschaftsklassen. Der Hinduismus lehrt, dass die meisten Menschen aus dem Leib des Urmenschen Purusha geschaffen wurden. Den Körperteilen entsprechend gliedert sich die Menschheit in vier Hauptkasten, die die soziale Stellung bestimmen.

Die höchste Kaste war die der Priester, der Brahmanen. Die Kshatriyas waren Krieger. Die Vaistyas verrichteten handwerkliche Arbeiten, und die Shudras körperliche Arbeit. Zu den Shudras gehörten auch die südindischen Drawiden und diejenigen Arier, die Angehörige der Urbevölkerung geheiratet hatten. Noch unter den Shudras standen die Dalits, die Unberührbaren, die sämtliche schmutzigen Arbeiten, etwa die Reinigung der Abtritte, verrichteten.

Der *Atharvaveda* festigt die Stellung der Brahmanen. Da diese unmittelbaren Zugang zu den Göttern haben, ist es gefährlich, sie zu provozieren. Selbst die Könige dürfen sich ihnen nicht widersetzen. Sonst drohen Verdammnis und Höllenqualen. Wenn es zwischen einem Brahmanen und einem Nicht-Brahmanen zum Streit kommt, hat der Brahmane recht. Die Brahmanen behaupteten auch, der Gott Soma habe ihnen das Recht verliehen, sich mit jeder Frau zu paaren – ob sie verheiratet sei oder nicht. Scheinheilig erklärt der *Atharvaveda*, wenn ein Brahmane eine Frau an der Hand fasse, werde er ihr Ehemann.

Das Kastensystem beruhte auf ritueller Sauberkeit. Bestimmte Berufe waren unrein, andere nobel. Beispielsweise verloren Ärzte ihren hohen Status, weil sie mit Angehörigen aller Kasten und mit unreinen Körpersekreten in Berührung kamen.

Ein Verbrechen wurde zur Zeit der Veden nur dann als Verbrechen betrachtet, wenn sich jemand darüber beklagte. Nur die Tötung eines Brahmanen galt als Mord. Die Geldbußen richteten sich nach der Kaste: Die Tötung eines Kshatriya kostete tausend Kühe, die eines Vaishya hundert, die eines Shudra oder einer Frau zehn.

In Gesellschaften, in denen Soldaten die Macht in der Hand haben, geht man davon aus, dass nur Kraft Legitimation schafft und dass die Stärksten stets unter dem Schutz der Götter stehen. Das beste Beispiel hierfür bietet das alte Assyrien.

Die assyrischen Kriegsepen schwelgen in den Greueltaten und der Vernichtung, die die Assyrer in ihren Nachbarländern anrichteten. Auch die Götter beteiligten sich blutrünstig an ihren Angriffen. Kein Wunder, dass die Assyrer Krieg und Kampf als Gottesdienst betrachteten. Da die gegnerischen Völker der assyrischen Weltordnung trotzten, lag die Schuld am Krieg natürlich bei ihnen. Der Gegner trug die Verantwortung für alle Schäden, die der Krieg verursacht hatte. Der Krieg war nichts als eine Strafe der Götter, die von den Assyrern vollzogen wurde. An diese lückenlose Logik vom Willen der Götter hielten sich nahezu alle assyrischen Könige konsequent. Die Weltherrschaft der Assyrer hatte nicht lange Bestand, doch ihre theologische Begründung für den Kampf gegen Götzendiener trifft man in ähnlicher Form überall und zu allen Zeiten an.

Die Anführer behaupteten, den Menschen zu dienen, indem sie den Willen der Götter deuteten und durch Rituale für Regen und eine gute Ernte sorgten. Deshalb wurde in

Gemeinschaften, an deren Spitze Krieger standen, viel Zeit auf den Bau von Tempeln verwandt – sie dienten als Zentrum der offiziellen Religion und als sichtbare Zeichen der Macht. Eine gemeinsame Religion hilft den Einzelnen, ohne offene Gewalt zusammenzuleben. Es entsteht eine Bindung ohne verwandtschaftliche Beziehungen. Der Glaube motiviert die Menschen, ihr Leben für andere zu opfern, und ermöglicht es, die ganze Gesellschaft zu mobilisieren, um beispielsweise Nachbarländer zu erobern.

Geoff Mulgan, der die Geschichte der Machtausübung untersucht hat, betrachtet Kriegsführung als normale Form des Umgangs zwischen Staaten. Der Moralbegriff der herrschenden Klasse wird zur Norm und zur Rechtfertigung für fragwürdige Taten wie Raub und Totschlag – also für Kriegsführung. Der Krieg wird als normal empfunden, wenn es keine andere Möglichkeit gibt, Wirtschaftswachstum zu erreichen. So dachte man zum Beispiel im mittelalterlichen Spanien, Krieg sei eine schnellere und ehrbarere Methode, Reichtümer zu erlangen, als Handel.

Zwar entfacht die Kriegspropaganda Hass gegen ganze Volksgruppen, doch Kriege werden meist von einer kleinen Elite angezettelt. Nach Mulgans Ansicht gibt es Kriege, weil die Elite ihren materiellen Besitz mehren will. Um den Krieg zu gewinnen, erfanden die Eliten einen Hass, der sich auf Liebe gründet – auf die Liebe zur Familie oder zum Vaterland.

Die Klasse der Ritter entstand in Europa zur Zeit Karls des Großen. Sie verdankte ihre Entstehung einer einfachen Erfindung: dem Steigbügel. Es gibt keine zweite so billig und leicht herzustellende Entdeckung, die eine derart grundlegende Veränderung der Kriegsführung herbeigeführt hätte. Solange der Reiter die Knie gegen die Flanken seines Pferdes pressen musste, um nicht abgeworfen zu werden, konnte er den Speer nur mit der Kraft seiner Arme schleudern. Als er nicht nur durch den Sattel, sondern auch durch die Steigbügel Halt bekam, hatte er die Möglichkeit, seine Kraft mit der des Pferdes zu vereinen. So wurde das Fundament für die Attacken der Kavallerie gelegt. Nun waren die Ritter zudem nicht mehr so leicht aus dem Sattel zu werfen.

Die militärische Klasse wurde zu einer selbstbewussten, egoistischen Elite. Die Krieger richteten die Waffen gegeneinander und gegen die Bauern, die sie unter ihre Herrschaft zwangen. Die Burgherren und ihr Gefolge ritten aus, wüteten und zwangen die Bevölkerung, Steuern zu zahlen. Der Burgherr wurde zum Polizeichef, der das Recht hatte, Todesurteile zu verhängen oder Besitztümer zu beschlagnahmen. Der Feudalismus war geboren, und mit ihm der Militäradel.

Das christliche Kaiserreich stand vor einer widersprüchlichen Situation: Im Prinzip predigte der christliche Glaube den Frieden, in der Praxis führte man Krieg. Folglich musste ein christlicher Kodex für die Krieger geschaffen werden, um das blutige Werk zu heiligen. Nun entstand eine durch detaillierte Rituale und heraldische Pracht gekennzeichnete, arrogante Hordenkultur der reitenden Krieger, die ihre Maskulinität austobten und auf geistige Werte pfiffen.

Die Ritterromantik geriet in Verruf, als Papst Innocentius III. blutige Kreuzzüge gegen die christlichen Katharer in den Pyrenäen initiierte. Auch die fragwürdigen Kreuzzüge des Papstes im Nahen Osten verbesserten das Image der Ritter nicht, zumal sie sich durch Kriegsbeute bereicherten. Beim ersten Kreuzzug kamen mehr als 70000 Einwohner Jerusalems ums Leben.

Als 1338 der Hundertjährige Krieg zwischen Frankreich und England ausbrach, wurden die Ritter allmählich durch die Söldner verdrängt. Angesichts neuer Erfindungen wie dem Schießpulver veraltete ihre Bewaffnung. Die Art der

Kriegsführung veränderte sich. In der Schlacht von Crécy im Jahr 1346 hatten die englischen Bogenschützen den Langbogen in Gebrauch genommen. Sie schossen aus dem Hinterhalt und zogen sich zurück wie Partisanen. Das brachte die Franzosen in Weißglut. Dass die französischen Ritter sich im Kampf gegen gewöhnliche Bogenschützen als verwundbar erwiesen, war peinlich. Die Auffassung vom Heldentum der vornehmen Geburt erhielt einen schweren Schlag.

In der Schweiz verloren die arroganten Ritter endgültig ihren Ruf. Das Haus der Habsburger versuchte, seine Herrschaft über die schweizerischen Dorfgemeinschaften zu festigen, in denen die Bauern ein relativ selbständiges Leben geführt hatten. Am 15. November 1386 umzingelten die Ritter der Habsburger das Dorf Sempach, schwenkten einen Galgenstrick vor den Augen der Bauern und versicherten, daran würden ihre Anführer schon bald baumeln.

Unter Führung Leopolds III., des Herzogs von Österreich, traten die habsburgischen Ritter einer erheblich kleineren Bauernarmee aus den Kantonen Uri, Schwyz und Unterwalden entgegen. Die Bauern vertrauten auf ihre einzige Waffe, die Hellebarde. Die zwei Meter langen Hellebarden hatten oben einen spitzen Metallspieß mit einem Haken, der dazu diente, die Ritter aus dem Sattel zu reißen. Auf der anderen Seite befand sich eine Axtklinge, mit der man den Harnisch der Ritter zerschlagen konnte. Die Kämpfe in der Schweiz zeigten, dass der Ritterstand, der sich an seine alte Glorie klammerte, nicht mehr der Gebieter über die Welt war. Die impertinenten, grausamen und unmenschlichen Ritter begegneten ihrer Nemesis.

Mochten die Ritter auch ihre Kraft verloren haben, so waren sie dennoch fähig, den Adel zu schaffen. Der Militäradel verwandelte sich in eine pompöse Klasse von Gecken, als er gezwungen wurde, an den Hof von Versailles zu ziehen. Im

18. Jahrhundert war dieser Hof der korrupteste Ort Europas. Die mit Puder und Perücken ausstaffierten Adligen verbrachten den größten Teil ihrer Zeit mit eitlen Posen und Intrigen. Der Adel betrachtete die Bauern als Tiere oder als nur wenig höherstehende Wesen. Die Adligen zahlten keine Steuern und gehorchten nur den willkürlichen Launen des Königs. Der aus den Rittern der Zeit Karls des Großen entstandene Adel (*ancienne noblesse*) entwickelte sich zu einer umfassenden geistigen und wirtschaftlichen Last.

Egon Friedell zufolge waren alle Gehöfte, Ehrenplätze und sogar Ehefrauen im Land Eigentum des Adels. Als Moritz von Sachsen, genannt Marschall von Sachsen, vergeblich um die Gunst der Schauspielerin Chantilly warb, die den Dichter Favart geheiratet hatte, beschaffte er sich eine Anordnung des königlichen Kabinetts. Die Schauspielerin wurde *verpflichtet*, die Mätresse des Marschalls zu werden.

Vor dreihundert Jahren hatte das großspurige Benehmen der Herrscher und anderer Aristokraten keinen Neuigkeitswert. Doch die Gegenreaktion auf die Alleinherrschaft der herrschenden Klasse in Frankreich hatte entscheidenden Einfluss auf die Zukunft der Menschheit und auf die Moral.

Der junge François Marie Arouet geriet einmal in ein Wortgefecht mit Guy-Auguste de Rohan-Chabot, einem Sprössling des führenden Adelsgeschlechts in Frankreich. De Rohan spottete über Arouets Künstlernamen. Arouet gab zu, dass er keinen vornehmen Namen besaß, fügte aber hinzu, er wisse ihn immerhin ehrwürdig zu tragen. Er erklärte, er kenne den Wert seines Namens, den er nicht einfach ohne eigenes Zutun ererbt hatte. Als Arouet bei dem Herzog von Sully soupierte, wurde er vor das Haus gebeten, wo ihn zwei Schurken mit Keulen verprügelten. De Rohan saß seelenruhig in seiner Kutsche und schaute zu.

Arouet versuchte sich Genugtuung zu verschaffen, indem er den Adligen zum Zweikampf herausforderte. Am Morgen des Duells ließ de Rohan sich jedoch nicht blicken. Stattdessen erschienen Beamte. Sie stellten Arouet vor die Wahl, ins Gefängnis oder außer Landes zu gehen. Arouet wählte das Exil. Im März 1726 reiste er nach England und stellte fest, dass religiöse Toleranz und politische Freiheit dort größer waren als in Frankreich. Das geistige Interesse Arouets, der unter dem Namen Voltaire besser bekannt ist, wäre ohne dieses Ereignis womöglich anders ausgefallen. Mit der Prügelepisode begann sein Kampf gegen Fanatismus und Intoleranz.

Der Mensch wird frei geboren, liegt aber überall in Fesseln, so beginnt das Werk *Vom Gesellschaftsvertrag oder Prinzipien des Staatsrechts* des Aufklärungsphilosophen Rousseau aus dem Jahr 1762. Rousseau, Voltaire und andere Philosophen der Aufklärung schufen das moralische Fundament für die Französische und die Amerikanische Revolution. Infolge ihrer Schriften wurde die von den Herrschern oder der Aristokratie gehegte Auffassung, sie seien von Gott auserkoren, in Frage gestellt. In den meisten Ländern verlor der Adel durch die Ideen der Aufklärung seine Privilegien, und die Gesellschaft wurde demokratisch.

Industrialisierung, Reorganisation der Arbeitskraft und Bevölkerungswachstum hatten zur Folge, dass das Machtgefälle kleiner wurde. Wilbert van Vree weist in seiner Untersuchung über die Geschichte des Verhandelns darauf hin, dass alltägliche Besprechungen der Preis für Sicherheit und höheren Lebensstandard waren. Im Berufsleben musste man an Verhandlungen teilnehmen, und sie wurden zur Voraussetzung für die persönliche Karriere. Man musste sich in Sitzungen angemessen ausdrücken und Psychologie und Etikette beherrschen. Der Jeremy Bentham und Etienne Dumont zugeschriebene Leitfaden für Abgeordnete aus dem Jahr 1816 reagierte auf die damaligen Probleme: Aggressivität, feindseliges Verhalten, Leidenschaftlichkeit und Impulsivität. Um einen Bürgerkrieg zu vermeiden, brauchte man eine Art Ordnungsstatuten und einen Vorsitzenden. Bentham und Dumont riefen dazu auf, nur die Worte des Gegners zu attackieren, nicht ihn persönlich: «Wirf der Opposition keine feindlichen Absichten vor, sonst wird man dir nicht mehr zuhören, und die Debatte versandet in Parteibindungen, Verachtung und persönlicher Anfeindung.»

Sklaverei und Unterdrückung galten jahrhundertelang als Selbstverständlichkeit. Was sonst hätte man mit besiegten Soldaten tun sollen? Irgendwer musste schließlich die Arbeiten verrichten, zu denen man keine Lust hatte. Einige der frühen Päpste hielten Sklaven, und im 18. Jahrhundert waren Sklavenhändler in Großbritannien Bürgermeister oder sogar Abgeordnete. Der Philosoph John Locke war Aktionär der Royal African Company, deren Branche der Sklavenhandel war. Und worüber beliebte John Locke zu schreiben? Über Freiheit und Gleichberechtigung. Er postulierte, niemand habe das Recht, das Leben, die Gesundheit, die Freiheit oder das Eigentum anderer Menschen zu rauben oder zu beeinträchtigen. Das britische Parlament beendete den Sklavenhandel erst 1807.

Auch die Rechte der Frauen wurden allmählich verbessert. Ende des 19. Jahrhunderts gewährte Neuseeland als erstes Land der Welt den Frauen das Wahlrecht, während die Schwarzen in den Vereinigten Staaten erst 1965 uneingeschränkt wahlberechtigt wurden.

Vor den 1960er Jahren in den Vereinigten Staaten und während der Apartheid in Südafrika wurden strenge Regeln geschaffen, die festlegten, wer schwarz oder weiß war, wen die verschiedenen Gruppen wählen und wo sie wohnen durften. In Südafrika ging die Segregation so weit, dass der Chirurg Christian Barnaard, der die erste erfolgreiche Herztransplantation durchgeführt hatte, Hamilton Naki, das schwarze Talent in seinem Team, von dem offiziellen Gruppenfoto ausschließen musste. Dies wurde erst 2003 bekannt – sechsundzwanzig Jahre nach der Operation. Ohne die Rassentrennung hätte Hamilton Naki ein brillanter Chirurg werden können, gab Barnaard später zu.

Die westlichen Länder brüsten sich mit ihrer Demokratie, die angeblich allen die Möglichkeit gibt, Einfluss zu nehmen. Der amerikanische Soziologe C. Wright Mills stellte jedoch in seiner aufsehenerregenden Untersuchung über die amerikanische Machtelite 1956 fest, Demokratie sei nur eine Phrase in Festreden. Militärische Befehlshaber, Unternehmensführer und Politiker waren so eng vernetzt, dass normale Bürger gegen ihre Manipulationen machtlos waren. Die Mächtigen waren in ihrer Mehrheit Kinder gut ausgebildeter und hochqualifizierter Eltern aus den Städten an der Ostküste. Sie waren Protestanten und Mitglieder der presbyterianischen oder der Episkopalkirche. Alle hatten an einer der Universitäten der Ivy League studiert. Sie wählten sich gegenseitig in Führungsgremien. Im Sommer und im Winter trafen sie sich in denselben Urlaubszentren. Gewisse Familiennamen erleichterten den Zugang zu Führungsgruppen, auch wenn mancher Normalbürger kompetenter gewesen wäre. Mills zeigt, dass dem Bild der Amerikaner von ihrer Demokratie eine Wirklichkeit gegenübersteht, die vielleicht weniger rosig ist.

Dasselbe Phänomen findet man auch in Europa, trotz Revolutionen, Freiheit, Brüderlichkeit und Gleichheit. Wenn man bei den Sitzungen der Europäischen Union einem gewandten, aber distanzierten französischen Beamten begegnet, für den die Symbole der Macht und die Verwendung seiner Muttersprache Selbstverständlichkeiten sind, ist die Wahrscheinlichkeit hoch, dass er an einer Institution namens ENA ausgebildet wurde. Sie war nach dem Zweiten Weltkrieg gegründet worden, um einen gleichberechtigten

Auswahlprozess für hohe Ämter zu gewährleisten, doch sie schuf selbst eine neue Aristokratie.

Die Ecole Nationale d'Administration bringt elitäre Berufspolitiker und Bürokraten hervor, von denen neunzig Prozent ihren Platz in den Führungsgremien von Unternehmen und als Beamte der Administration finden. Die Schule eröffnet auch den Weg zu hohen Ämtern in der EU. Jährlich nimmt die ENA hundertzwanzig Studierende auf und bildet sie in siebenundzwanzig Monaten zu Führungskräften aus. Es verwundert nicht, dass die Schule ihren Sitz in Strassburg hat. Manche Franzosen stehen ihr kritisch gegenüber. Sogar einer der Studierenden erklärte, die Absolventen der ENA seien wie die Mandarine im mittelalterlichen China. Die ENA ist einer der exklusivsten Klubs in Europa, und nach Ansicht ihrer Kritiker hemmt sie heute jegliche Erneuerung und Veränderung in Frankreich. Man wirft den Absolventen, den *Enarqués*, vor, dass sie das Monopol auf gutdotierte Posten in Administration und Politik haben, ohne ihre Effizienz unter Beweis stellen zu müssen. Die französischen Präsidenten und Premierminister, wie Valéry Giscard d'Estaing, Jacques Chirac, Alain Juppé, Lionel Jospin und Dominique de Villepin, sowie fast die Hälfte aller französischen Minister seit Bestehen der ENA sind aus dieser Schule hervorgegangen.

Die Politessen in New York wissen, dass Menschen sich sofort elitär verhalten, wenn man ihnen die Chance dazu gibt. An den Universitäten Columbia und Berkeley wurde untersucht, in welchem Umfang die UN-Diplomaten ihre Bußgelder für falsches Parken bezahlen oder nicht bezahlen. Diejenigen Diplomaten, deren Länder auf der Korruptionsliste ganz oben stehen, zahlen nicht. In den Jahren 1997 ließen die Diplomaten mehr als 150000 Strafzettel im Gesamtwert von achtzehn Millionen Dollar unbezahlt. An der Spitze stand Kuwait mit jährlich 246 unbezahlten Strafzetteln pro Diplomat. Es folgten Ägypten (139), Tschad (124) und Sudan (119).

Die Tatsache, dass Diplomaten grundsätzlich nicht der Gesetzgebung ihres Dienstortes unterliegen, veranlasst manche, auf Anständigkeit zu pfeifen. Die Tätigkeit in öffentlichen Ämtern setzt Vertrauenswürdigkeit voraus. Aber wenn es keine Kontrolle gibt, braucht man auch auf den Steuerzahler keine Rücksicht zu nehmen. So hatten zum Beispiel britische Parlamentarier ihre Wohnungen mit Spesengeldern renovieren lassen, bevor sie sie mit hohem Gewinn verkauften. Für die Zweitwohnung wurden auf Kosten des Steuerzahlers Möbel, Rasentraktoren und Hundefutter gekauft. Ein Abgeordneter der Labour Party versuchte, 8865 Pfund für ein Flachbildfernsehgerät von Bang & Olufsen in Rechnung zu stellen, doch das Spesenamt des Parlaments bewilligte nur 750 Pfund. Im Frühjahr 2009 zahlten die Steuerzahler die Pay-TV-Rechnung der Innenministerin Jacqui Smith, deren Mann zugab, gebührenpflichtige Pornofilme angeschaut zu haben.

Korruptionsskandale sind heute so häufig, dass sie niemanden mehr verblüffen. Aber korrumpiert Macht als solche? Lässt sich diese Wirkung wissenschaftlich beweisen? Joris Lanners und Adam Galinsky von den Universitäten Tilburg und Illinois unternahmen Versuche, bei denen die Moral der Probanden analysiert wurde. Sie baten einundsechzig Studierende, die Erfahrungen zu notieren, die sie gemacht hatten, wenn sie sich in einer Machtposition befanden oder auf der unteren Stufe der Hierarchie standen. Aufgrund dieser Angaben wurden die Studierenden zwei Gruppen zugeordnet (hohe und niedrige Machtstufe). Dann wurden alle noch einmal in zwei Gruppen geteilt. Die erste große Gruppe wurde gebeten, auf einer Skala von eins bis neun (die Neun stand für die höchste Moral) einzuschätzen, wie ehrlich Menschen bei der Abrechnung von Reisekosten gegenüber dem Arbeitgeber sind. Die Probanden mit hohem Status beurteilten die Moral mit der Note 5,8, während bei den Studierenden mit niedrigem Status das Ergebnis 7,2 lautete.

Die Probanden in der zweiten Gruppe wurden gebeten, in einem isolierten Raum zwei Würfel zu werfen. Nach der gewürfelten Punktzahl (von eins bis zehn) erhielten sie eine entsprechende Zahl von Losen, die die Belohnung für die Teilnahme an der Untersuchung darstellten. Die Studierenden mit hohem Status erwürfelten siebzig Punkte, die mit niedrigem Status nur neunundfünfzig. Der theoretische Mittelwert betrug fünfzig Punkte, die Gruppe mit hohem Status schwindelte also mehr.

Danach legten die Forscher den Studierenden Fragen vor, die die Moral betrafen – etwa Fahren mit überhöhter Geschwindigkeit oder Ehrlichkeit bei der Steuererklärung. Wieder gaben die Angehörigen der Machtgruppe heuchlerische Antworten. Ihrer Ansicht nach war das Schnellfahren anderer Menschen (6,3) schlimmer als ihr eigenes (7,6). Die Gruppe mit hohem Status beurteilte Steuerbetrug mit 6,6 Punkten auf der Moralskala, ihr eigenes Fehlverhalten dagegen mit 7,6. Die Gruppe mit niedrigem Status war erheblich selbstkritischer. Die Steuersünden anderer Menschen wurden mit 7,7 Punkten eingestuft, die eigenen mit 6,8!

Die Ergebnisse zeigen, dass ein Mensch, der Macht erlangt, die Taten anderer strenger beurteilt als seine eigenen. Menschen mit Macht fühlen sich berechtigt, die Regeln zu brechen, weil sie wissen, dass sie sich alles erlauben können. Dieses «Gefühl der Berechtigung» ist wesentlich, wenn man verstehen will, warum Menschen in hohen Positionen sich schlecht benehmen.

Großtuerei, Prahlerei und völlige Unfähigkeit zur Empathie ebenso wie zur moralischen Hinterfragung des eigenen Handelns sind häufig Wesenszüge eines psychisch kranken

Menschen. Doch wenn eine solche Person Macht ausübt, als Herrscher, als Sohn aus reichem Haus oder als Primadonna der Hollywood-Studios, wird sie als Sonderfall betrachtet. Einflussreichen Menschen – ob ihre Macht gerechtfertigt ist oder nicht – wird ein derartiges Benehmen zugestanden. Als hielten wir uns an eine stumme Abmachung, wonach das herrschende Alphatier mit anderen umspringen darf, wie es ihm gefällt.

Hannibal Gaddafi hat sein Benehmen nie bedauert. Dass Menschen in führender Stellung sich nicht entschuldigen, ist unverzeihlich. Man sollte es nicht durchgehen lassen. Man schafft immer wieder Voraussetzungen für Ungleichheit, wenn man arrogantes Verhalten akzeptiert, und erst recht, wenn man Verständnis dafür aufbringt.

Da Macht zwangsläufig korrumpiert, sind nach Ansicht von Geoff Mulgan Demonstrationen und Aufstände notwendig, um die Mächtigen an die Moral zu erinnern. Als die jungen Muslime in Frankreich 2005 randalierten, ging es ihnen nicht darum, die Staatsgewalt zu zerstören, doch ihre Taten zwangen die bis dahin indifferente Regierung zu reagieren. Die Rebellen fanden mehr Beachtung, als sie bei einer Wahl hätten erreichen können.

Die Fortschritte der Medizin verpuffen infolge der Armut, die durch Kriege und Handelsbeschränkungen verursacht wird, schreibt Gordon Allport, der Autor einer bahnbrechenden Untersuchung über Vorurteile. Überall auf der Welt gibt es Gruppen, denen daran gelegen ist, sich abzuschirmen. Sie leben für sich. Es ist weniger anstrengend, mit Menschen umzugehen, die die gleichen Vorurteile haben wie man selbst.

Nach Allports Ansicht liegt einer der Gründe, weshalb beispielsweise Klassentreffen häufig fröhlich verlaufen, darin, dass wir dort Menschen begegnen, die ähnliche kulturelle Erinnerungen und dieselbe Bildungsgeschichte haben.

Wir haben im selben Karpfenteich gelebt. Bei der Begegnung mit einem Fremden wissen wir anfangs nicht, welcher Kategorie wir ihn zuordnen sollen. Anhand von Kategorien entscheidet sich, ob der Fremde dazugehört oder nicht. In den zwischenmenschlichen Beziehungen sind Kategorien wesentlich. Typisch ist, dass man hartnäckig an ihnen festhält und sich weigert, sie zu verändern. Wir bevorzugen Verallgemeinerungen, weil sie bisher funktioniert haben. Warum sollten wir sie ändern? Warum sollten wir die guten Eigenschaften einer anderen Automarke zur Kenntnis nehmen, wenn wir mit unserer bisherigen Marke zufrieden sind? Damit würden wir unsere alten Gewohnheiten stören. Deshalb akzeptieren wir neue Beweise nur dann, wenn sie unsere alten Kategorien bestätigen.

Besitzt eine Gruppe keine deutlich sichtbaren Merkmale wie Hautfarbe oder Geschlecht, ist die Bildung von Kategorien schwierig. So war zum Beispiel Papst Innocentius frustriert, weil er Christen äußerlich nicht von Ketzern unterscheiden konnte. Deshalb ordnete er an, dass Ketzer sich anders zu kleiden hatten.

Wenn Machthaber Kategorien zu schaffen beginnen, kann Geoff Mulgan zufolge eine Reaktion in Gang gesetzt werden, die die ganze Gesellschaft verändert. Die Rassentrennung hatte zur Folge, dass sehr heterogene schwarze Gruppen und Kulturen ein Bewusstsein füreinander und für ihre Rechte entwickelten. So stand den Weißen eine große kritische Masse gegenüber, die durch eine gemeinsame, überaus politische Agenda verbunden war. Eine ähnliche Bewegung gibt es in Indien. Dort sind Tausende zum Christentum oder zum Buddhismus übergetreten. Die kastenlosen Dalits haben begonnen, gegen das Kastensystem zu protestieren. Sie versuchen, durch den Übertritt zu einer anderen Religion dem Rassismus zu entkommen. Der Autor der indischen Verfassung, Bhimrao Ramji Ambedkar, forderte alle

Angehörigen der untersten Kaste auf, sich zum Buddhismus zu bekehren.

Minderheiten wurden seit je in wenig schmeichelhaften Farben gezeichnet. Die Ironie dabei ist, dass Intoleranz nie einen Nutzen erbracht hat, am allerwenigsten in wirtschaftlicher Hinsicht.

DIE EMIGRATION BEGABTER MINDERHEITEN

Als 1847 in Afrika ein Staat für die befreiten Sklaven aus den Vereinigten Staaten – Liberia – gegründet wurde, bildete sich dort bald eine eigene Elite heraus. Die befreiten Sklaven hatten sehr wenig Umgang mit den ursprünglichen Einwohnern. Die Spannungen zwischen den Bevölkerungsgruppen führten in den 1990er Jahren zu einem blutigen Bürgerkrieg.

Eine ähnliche Geschichte hat der Nachbarstaat Sierra Leone. Seine Hauptstadt erhielt den Namen Freetown, als befreite Sklaven dort 1787 eine Kolonie gründeten. Sie bildeten eine Oberschicht, die sich von den Bewohnern der ländlichen Gebiete distanzierte. Ethnische Konflikte prägen die Geschichte des Landes. Sie kulminierten 1992 in einem der blutigsten Bürgerkriege der Weltgeschichte. Die Beispiele Liberias und Sierra Leones zeigen, dass selbst befreite Sklaven nicht fähig waren anzuerkennen, dass die Menschen von Geburt gleich sind.

Auch Begabte sind vielen ein Dorn im Auge. Sie erinnern uns ständig an unsere Unterlegenheit. Leonardo da Vinci wurde von seinen Zeitgenossen gehasst. Auch Galileo Galilei hatte viele Feinde, nicht zuletzt deshalb, weil er sich seiner Vortrefflichkeit bewusst war. Voltaire lebte im Exil, wie viele Philosophen von der Antike bis heute.

Ludwig XIV. gilt als glänzender Herrscher, als Sonnenkönig. Dies liegt zum Teil daran, dass er ein felsenfestes Selbstbewusstsein besaß und seine Person immer und überall in den Mittelpunkt stellte. Sein gewaltiger Appetit und seine eiserne Gesundheit halfen ihm, die fortwährenden Festmähler zu bewältigen. Ludwig XIV. war gut gebaut und trat stets würdevoll auf – eine große, bewunderte Persönlichkeit. Er entwickelte die Etikette zum Kontrollsystem. Wer ihm die Kerze halten durfte, wurde vom ganzen Hof bewundert. Von Ludwig angesprochen zu werden war das höchste Glück.

In Wahrheit zehrten die zahlreichen Kriege, die der König führte, die wirtschaftlichen und personellen Ressourcen seines Landes auf. Ludwig XIV. beschleunigte den Untergang des Adels und der Monarchie, der hundert Jahre später in der Französischen Revolution kulminierte. Seine frappierendste und verwerflichste Tat war die Aufhebung des Edikts von Nantes, mit der er 1685 die von seinem Großvater eingeleitete Politik der Toleranz aufgab.

Das Edikt von Fontainebleau machte die Unterdrückung und Verfolgung der protestantischen Hugenotten amtlich. Die Hugenotten stellten zehn Prozent der französischen Bevölkerung. Ihr Arbeitseifer verärgerte die katholische Mehrheit. Im Gegensatz zu den Katholiken feierten die Hugenotten nicht an hundert Tagen im Jahr. Sie waren wirtschaftlich erfolgreich. Die Katholiken wollten die Geschäfte der Hugenotten schließen. Das Genörgel kam dem Sonnenkönig gelegen, der sich die für Selbstherrscher typische Auffassung zugelegt hatte, er habe eine göttliche Mission zu erfüllen. Die katholischen Horden erhielten das Recht, die Hugenotten zu misshandeln und ihr Eigentum zu zerstören. Auf behördlichen Schutz konnten die Hugenotten nur hoffen, wenn sie zum Katholizismus konvertierten.

Am 18. Oktober 1685 ordnete der König die Beendigung der Verfolgung an, weil zu diesem Zeitpunkt alle Hugenotten katholisch geworden waren. Das wurde als Wunder betrachtet. Tatsächlich hatte die Emigration der Hugenotten gerade erst begonnen. Textilarbeiter, Papiermacher und andere Handwerker, deren Technologie lange das Monopol Frankreichs gewesen war, brachten ihre Kunstfertigkeit ins Ausland: nach Großbritannien und in die deutschen Fürstentümer. Friedrich Wilhelm, der Kurfürst von Brandenburg, lud die Hugenotten in sein Land ein, wo sie einen bedeutenden Beitrag zum Aufschwung der Industrie in Berlin leisteten. Im Jahr 1700 stellten die über 20 000 Hugenotten ein Drittel der Bevölkerung Berlins.

Bankiers und Geschäftsleute zogen Kapital aus Frankreich ab. Schriftsteller, Schiffsbauer, Anwälte und Ärzte flohen. Viele Hugenotten zogen nach Genf, das dadurch zum Zentrum des Handwerks wurde. Innerhalb von vier Jahren wanderten 9000 Männer der Marine, 12 000 der Armee und 600 Offiziere in die Niederlande aus und schlossen sich den Truppen von Ludwigs Feind Wilhelm III. von Oranien an, der später König von England wurde. Die Seidenindustrie in Tours und Lyon brach zusammen, Reims und Rouen verloren die Hälfte ihrer Arbeitskräfte.

In die Ecke getriebene Menschen werden in der Regel aktiv. Viele mit Erfolg. Die Juden waren schon seit dem frühen Mittelalter verfolgt worden. Landbesitz war ihnen verboten, und sie wurden nicht zu den Gilden zugelassen, was sie zwang, Kaufleute zu werden. Auch das Bankgeschäft wurde zum Erwerbszweig der Juden, da sie im Gegensatz zu den Christen Zinsen fordern durften. Im 14. Jahrhundert forcierte der litauische König Kasimir III. die Entwicklung seines Landes und hieß die vor den Verfolgungen in Westeuropa fliehenden Juden willkommen. Im 15. Jahrhundert reichte Litauen von der Ostsee bis ans Schwarze Meer, es war der flächenmäßig größte Staat Europas geworden. Aus Spanien flohen Schätzungen zufolge mehr als 165 000 Juden, einige sogar in das türkische Sultanat. Das Resultat war, dass Spanien zahlreiche Experten für Handel, Verwaltung und andere Spezialgebiete verlor, die es gebraucht hätte, als die Reichtümer der Entdeckungsreisen ins Land strömten.

Ende des 17. Jahrhunderts richtete sich im Elsass die Unterdrückung erneut gegen die Juden. Um ihre Vermehrung zu verhindern, wurde ihnen untersagt zu heiraten. Synagogen wurden verbrannt. Die elsässischen Juden reagierten möglichst produktiv auf die systematische Verfolgung: Sie begannen zu studieren, sich gegenseitig auszubilden und Unternehmen zu gründen. Schließlich wurden sie klüger und reicher als ihre Nachbarn.

Im 19. Jahrhundert kam es erneut zu einem Brain-Drain, dessen Ziel diesmal die Vereinigten Staaten waren. Als Simon Meyer Guggenheim hörte, dass Juden in den USA dieselben Rechte hatten wie alle anderen, zog er mit seiner Familie aus dem Elsass nach New York. Dort gründete die Familie ein Unternehmensimperium, das mit Stoffen, Kleidern und Gewürzen handelte. Die Guggenheims expandierten nach Mexiko, wo Protestanten und insbesondere Amerikaner verhasst waren. Das verarmte Mexiko war in Selbstmitleid und Fremdenhass gesunken, doch Daniel Guggenheim hatte Erfolg, weil er zuhören konnte und höflich war. Er wurde nicht als Gringo betrachtet und war kein Protestant. Daher wurde er zu Essen eingeladen und von Präsident Diaz empfangen. 1890 erhielten die Guggenheims die Erlaubnis, in Mexiko Bergbau zu betreiben. Später fand der geduldige Guggenheim einen Geldgeber namens J. P. Morgan – und der Rest ist Geschichte. Heute widmen sich die Guggenheims der Kulturtätigkeit, wofür beispielhaft die ihren Namen tragenden Museen in aller Welt stehen.

Die Guggenheims waren typische jüdische Immigranten.

Siebzig Prozent der Juden, die vor dem Ersten Weltkrieg in die Vereinigten Staaten auswanderten, hatten einen Beruf erlernt. Sie waren Juwelen- oder Lebensmittelhändler, Schneider, Uhrmacher und Buchbinder. Die Lagerhäuser am Broadway in New York erinnern noch heute an die gewaltige Bekleidungsindustrie, die die Juden schufen.

Doch man hat nichts aus der Geschichte gelernt. Als Robert Mugabe alle weißen Landwirte aus Zimbabwe vertrieb, sank die Getreideernte auf ein Drittel des Standes von 2001, die Hälfte des usurpierten Bodens lag brach, und die Höfe wurden von Militanten der ZANU-Partei bewirtschaftet, die keine Ahnung von der Feldarbeit hatten. Rassismus hat den Lebensstandard einer Nation nie verbessert. Eher führt diese Erscheinungsform der Selbstgefälligkeit zu wirtschaftlichem Zusammenbruch. Häufig haben davon die Staaten profitiert, die Flüchtlinge aufnahmen. Brandenburg, die Niederlande, die Schweiz und die USA sind Paradebeispiele für Länder, die aus den Flüchtlingsströmen wirtschaftlichen Nutzen zogen. Frankreich und Spanien wiederum verloren durch ihre Intoleranz ihre besten Kräfte an diese Länder.

V DAS MONOPOL

In diesem Kapitel wird erzählt,
wie ein Monopol verhindern kann,
dass im höchstentwickelten Staat der Welt
die Bürger mit Strom versorgt werden,
und wie Großmächte durch
ihre Habsucht schrumpfen.

DER DAMALIGEN finnischen Außenministerin Paula Lehtomäki wurde am 27.9.2009 eine Petition überreicht, die eine Million Bürger der Europäischen Union unterschrieben hatten. Die Unterzeichner waren erbost über die Anmaßung der Beamten der Stadt Strassburg.

Jeden Monat findet ein Umzug zwischen Brüssel und dem vierhundertfünfzig Kilometer entfernten Strassburg statt. Von diesem Umzug sind siebenhundert EU-Parlamentarier und eine noch höhere Zahl ihrer Assistenten betroffen. Im Jahr 2005 stellte sich heraus, dass Strassburg dem Parlament seit Jahren überhöhte Kosten in Rechnung stellte. Der Bürgermeister erklärte, es handle sich um einen Reservezuschlag für den Fall, dass das Parlament beschließen würde, seinen Sitz ganz nach Brüssel zu verlegen.

Margot Wallström, ein Mitglied der Europäischen Kommission, hielt den allmonatlichen Umzug für eine kolossale Geldverschwendung: Er kostete zweihundert Millionen Euro im Jahr. Die Petition unterschrieb auch die EU-Abgeordnete Cecilia Malmström, nach deren Ansicht diese Vergeudung der Politik ein lächerliches Image verschaffe. Unmittelbar nach der Übergabe der Petition wies der damalige französische Premierminister de Villepin den Gedanken, die Sitzungen ausschließlich in Brüssel stattfinden zu lassen, entschieden zurück.

Die günstige Gelegenheit hatte die Stadt Strassburg habgierig gemacht, ein typisches Beispiel für die Überheblichkeit, die aus einer Monopolstellung resultiert. Wenn es keine Konkurrenz gibt, neigt man dazu, die erreichte Position für ein angestammtes Recht zu halten, was leicht zu Missbrauch führt.

Mit der Etablierung des Christentums in Europa entstand eine neue Gesellschaftsklasse, der Klerus. Seine Mitglieder verhielten sich wie alle Mächtigen: Sie predigten das eine und taten das andere. Im Frankreich des 12. Jahrhunderts bereicherten sich die Priester auf Kosten der Bauern. Sogar Papst Innocentius III. gab zu, dass beispielsweise Bérenger, der Erzbischof von Narbonne, «keinen anderen Gott kannte als das Geld, und kein Herz, sondern einen Geldbeutel in der Brust hatte». Die Mönche des Klosters Cluny lebten wie Adlige. Im Kloster gab es mehr Dienstboten als Mönche. Gäste wurden fürstlich bewirtet. Die Reichtümer wurden «zu Ehren Gottes» verprasst, und die Mönche meinten, das prunkvolle Kloster sei der irdische Hof des Herrgotts.

Die Geistlichen verhielten sich grob und rücksichtslos: Sie hatten unter anderem Konkubinen. Das sorgte natürlich für Unzufriedenheit, denn nach Ansicht der einfachen Bauern sollten die Pfarrer heiliger sein als ihre Mitmenschen – sie deuteten schließlich die Beziehung zwischen Mensch und Gott.

Die Großspurigkeit des Klerus erboste das Volk. Überall in Europa und vor allem in Südfrankreich entstanden erste ernsthafte Widerstandsbewegungen gegen die überheblich auftretenden Männer der Kirche.

Der Gegenschlag der Kirche war hart. Statt mittelmäßige und heuchlerische Geistliche auszumustern, erfand die Kirche ein System, mit dem sie jede Kritik abwehrte. Mit Hilfe der Inquisition definierte man die Rechtgläubigkeit und deutete jede Kritik als Irrlehre. Papst Gregorius hatte ja bereits 1073 verkündet, die Kirche und der Papst seien unfehlbar und die Kirche besitze die absolute Gerichtshoheit.

Die Bewegung der Katharer wurde niedergeschlagen, doch sie hinterließ bleibende Spuren in der Seele der Südfranzosen. Die katholische Kirche dagegen zog keine Lehren aus der Kritik der Katharer.

Die Dekadenz der römischen Päpste erreichte in den Jahren 1470 bis 1530 ihren Höhepunkt. Die katastrophale Machtpolitik und die schwache Verwaltung zerstörten die Glaubwürdigkeit der Päpste, die sich jedoch nicht um die Proteste kümmerten. Nach Ansicht von Barbara Tuchman führte das Verhalten der Päpste zu der vielleicht bedeutendsten Umwälzung in der Geschichte der westlichen Länder, zu jahrhundertelanger Feinseligkeit und Kriegen.

Die Skrupellosigkeit kulminierte im Spätmittelalter, als die Männer der Kirche dazu übergingen, für Sünden abzukassieren. Früher hatte man Sünden durch reumütige Taten wie Almosen oder Pilgerfahrten abbüßen können. Nun erfand die katholische Kirche eine brillante Geschäftsidee: Da alle Sünder waren, sollten sie ihre Sünden mit Geld «abtragen». Man verkaufte Ablassbriefe, die die Bußübungen milderten und die im Fegefeuer zu verbringende Zeit verkürzten. Im 16. Jahrhundert war der Ablasshandel bereits ein Geschäftszweig: 1517 ordnete Papst Leo X. an, Ablassbriefe anzupreisen, mit denen der Bau des Petersdoms finanziert werden sollte.

Man konnte Ablässe sogar in der Lotterie gewinnen. Es bestand auch die Möglichkeit, seine Sünden im Voraus bei von der Kirche legitimierten Bankhäusern zu bezahlen. Jede Sünde hatte ihren Kurswert: Sodomie 18 Dukaten, Kirchenraub 9, Hexerei 6, Elternmord nur 4. Ein besonders ausgebuffter Händler war der Dominikanermönch Tetzel. Sein Werbespruch war pfiffig: «Sobald das Geld im Kasten klingt, die Seele in den Himmel springt.» Dieses Konzept vermarktete Tetzel im 16. Jahrhundert in Wittenberg mit fliegenden Fahnen, Umzügen, Liedern und Glockengeläut.

Zu großspurige Werbung kann jedoch sogar den Lauf der Geschichte verändern. Bei Tetzels Reklamespruch verlor ein Professor der Wittenberger Universität, Martin Luther, endgültig die Geduld und schlug seine berühmten Thesen an die Kirchentür. Diese führten zur Reformation und zur Spaltung des Christentums.

AUFSTIEG, UEBERHEBLICHKEIT UND UNTERGANG IBERIENS

Einer der arrogantesten Verträge aller Zeiten wurde in Tordesillas aufgesetzt. Nachdem Kolumbus Amerika einen Besuch abgestattet hatte, erließ Papst Alexander VI. die Bulle *Inter Caetera*, die Spanien das Recht gab, alle Gebiete zu beanspruchen, die bisher noch nicht entdeckt waren. Die päpstliche Bulle führte schließlich zum Vertrag von Tordesillas, der am 7. Juni 1494 zwischen Spanien und Portugal geschlossen wurde. Die beiden Länder teilten die außereuropäische Welt unter sich auf! Im Vertrag wurde eine nord-südliche Trennlinie festgelegt, die ungefähr auf dem siebenundvierzigsten westlichen Längengrad verlief. Spanien erhielt die Gebiete westlich dieser Linie, Portugal die östlichen.

Portugal erhielt somit Anspruch auf neu entdeckte Territorien in Afrika und Asien und auf die östlichen Teile Brasiliens. Das winzige Portugal hatte das vom Papst abgesegnete Recht, das riesige China für sich zu beanspruchen. Allerdings wussten die Chinesen noch nichts davon.

Die Portugiesen kamen 1516 nach Guangzhou. Sie verballhornten den Namen zu Cantao, Kanton. Verständlicherweise waren sie nicht imstande, den Teil der Welt, den der

Papst ihnen zugesprochen hatte, tatsächlich in Besitz zu nehmen. Stattdessen durften sie eine kleine Landspitze pachten, die sie nach dem dort befindlichen Tempel A-Ma-Goa Macao nannten.

Die Portugiesen waren hervorragende Seefahrer, aber miserable Regenten. Ihr Verständnis für andere Kulturen war unglaublich beschränkt, und ihre Einstellung brutal. Als die Portugiesen versuchten, in Afrika und Asien Handel zu treiben, boten sie minderwertige Produkte an. Auf die Einheimischen machten sie keinen Eindruck. Ihr landeskundliches Wissen war minimal. In Indien hielten sie Krishna für Christus und die Hindutempel für Kirchen. Unter den Entdeckungsreisenden war Vasco da Gama besonders grausam. Er befahl seinen Männern, bei der geringsten Provokation zu plündern und zu morden. Zwei Häuptlinge, die er aus Mosambik mitgenommen hatte, ließ er auspeitschen, worauf sie in Mombasa bei erster Gelegenheit flohen. Da sich die Kunde von der Grausamkeit der Portugiesen verbreitete, wollte niemand mit ihnen Handel treiben. An der indischen Küste nahm da Gama immer wieder Geiseln und bot den Regenten, die ihm ihre Aufwartung machten, miserable Waren an. Seine Arroganz hatte zur Folge, dass die Kaufleute in den südindischen Städten ausspuckten und den Namen Portugals verfluchten, wenn da Gamas Männer auftauchten.

Sowohl in Asien als auch in Arabien mieden die Kaufleute die Häfen der Portugiesen. Auf Sumatra wurde das Reich Aceh zu ihrem stärksten Konkurrenten. Es zog viele Kaufleute an, denn die Händler vertrauten den Achinesen. So wurden zum Beispiel große Mengen von Pfeffer aus Aceh nach Venedig geliefert, unter Umgehung der Portugiesen. Im 16. Jahrhundert hießen die Bewohner der Molukken andere Europäer willkommen, weil sie wussten, dass diese ein Gegengewicht gegen die verhassten Portugiesen bilden würden. Durch ihren schlechten Ruf und ihr zu hoch gestecktes

Ziel, den weltweiten Gewürzhandel zu beherrschen, hatten die Portugiesen ihre Chance verspielt.

Die Inselgruppe der Philippinen wurde nach dem spanischen König Philipp II. benannt. Es ist eine Ironie der Geschichte, dass dieser unabhängige Staat in Asien heute noch den Namen des wohl schwächsten Herrschers Spaniens trägt. Als Philipp zum König gekrönt wurde, erbte er das größte und vermögendste Reich der Welt, ein Imperium, das durch den Raub von Gold und Silber aus Südamerika wohlhabend geworden war. «Die Behörden haben größeres Interesse daran, mehr Silber zu erpressen, als daran, durch gute Verwaltung Wohlstand und Frieden zu schaffen», schrieb der nach Peru gereiste Dominikanermönch Francisco de la Cruz 1575. Die Inquisition verhaftete ihn, verhörte ihn drei Jahre lang und verbrannte den lästigen Schwätzer schließlich auf dem Scheiterhaufen.

Bezeichnend für Philipps Charakter war seine Forderung, dass jeder, der bei ihm vorsprach, sein Anliegen kniend vorzubringen hatte. Die Größe Spaniens war für ihn zur fixen Idee geworden. Er verwendete die ungeheuren Einkünfte aus Gold und Silber, um Kriege zu führen. Was die Entwicklung der Industrie und Wirtschaft seines eigenen Landes betraf, war Philipp ein überaus schlechter Herrscher. Sein Urgroßvater Ferdinand hatte 1503 in Sevilla ein Handelshaus, die Casa de Contratación, gegründet. Der gesamte Kolonialhandel lief über Sevilla; das Handelshaus besaß das Monopol. Da es in Kastilien keine Produktionsstätten gab, mussten die Produkte, die in die Kolonien exportiert wurden, in anderen Ländern gekauft werden. Die Preise stiegen, und die Herstellerländer gelangten auf Kosten Spaniens zu Reichtum.

Silber und Gold verschafften Spanien große Kaufkraft. Die reichen Spanier stellten jedoch keine Waren mehr her, für die Nachfrage bestand. Überall herrschte Mangel an qualifizierten Arbeitskräften. Um Spaniens Ehre willen durften Waren für die Kolonien nur bei Spaniern gekauft werden, doch die spanischen Kaufleute hatten keine Wahl. Sie sahen sich gezwungen, Produkte ausländischer Hersteller zu importieren und mit spanischen Etiketten zu versehen. Das stolze und reiche Spanien verlor den Anschluss an die Entwicklung der Landwirtschaft, der Seefahrt, der Industrie, der Waffentechnik, des Handwerks und des Handels.

Die ausländischen Lieferanten profitierten von der spanischen Kolonialherrschaft, ohne deren administrative und militärische Belastung tragen zu müssen. Das ständige Wachstum der Flotte zerstörte die Wälder Spaniens. Es wurden so viele Bäume abgeholzt, dass Erosion einsetzte, die der Landwirtschaft schadete. Die Nahrungsmittelversorgung der Bevölkerung wurde immer schwieriger, landwirtschaftliche Produkte mussten importiert werden. Die spanische Wirtschaft litt immer mehr.

In der Epoche Philipps erlebte die Inquisition ihre Blütezeit. Ethnische Reinheit wurde zum Betriebsmodell. Philipp zeigte großes Interesse am ethnischen Hintergrund seiner Mitarbeiter. Die Zensur blühte. Philipp verbot den Besitz und die Lektüre von Büchern, die auf dem Index der katholischen Kirche standen. Zahlreiche gebildete Spanier flohen nach London und in andere liberale Städte. Philipp ließ sie jedoch auch im Ausland nicht unbehelligt. Viele wurden entführt und nach Spanien zurückgebracht.

Philipps letzter verrückter Traum setzte der Größe Spaniens ein Ende. 1588 beschloss er, England anzugreifen. Bezeichnend für die Überheblichkeit der Spanier war, dass die von hundertdreißig Schiffen gebildete Armada als unbesiegbar bezeichnet wurde. Philipp verlor einundfünfzig Schiffe, die Engländer kein einziges. Tausende Spanier starben. Philipp herrschte danach noch zehn Jahre. Als er 1598 starb, hatte Spanien seine Großmachtstellung eingebüßt.

Infolge des zermürbenden Kriegs gegen Frankreich herrschte Ebbe in der Staatskasse der Briten. 1765 erließen sie ein Gesetz über die Besteuerung der Kolonien in Nordamerika.

Charles Townshend, der Kanzler der britischen Finanzkammer, hatte beschlossen, die Grundsteuer um fünfundzwanzig Prozent zu senken, was ihm selbst und seinen Freunden zugutekam. Da die Staatskasse leer war, setzte König George III. die harte Besteuerung der amerikanischen Siedler fort. Die Ostindien-Kompanie hatte tonnenweise Tee, aber keine Abnehmer. Der stets agile Townshend schlug ein Teegesetz vor, das den Kolonialisten untersagte, ihren Tee direkt bei den Herstellern zu kaufen. Der britische Export in die Kolonien wurde steuerlich begünstigt. Die Ausbeutung der Siedler schien keine Grenzen zu kennen. Da organisierte der Kaufmann John Hancock einen Boykott gegen den Tee der Handelskompanie, deren Schiffe nicht mehr in die nordamerikanischen Häfen gelassen wurden. Nur ein Schiff konnte 1773 in Boston anlegen. Seine Fracht kam jedoch nicht weit. Hundertfünfzig Männer brachen 342 Teekisten auf und kippten den Inhalt unter dem Jubel der Menschenmenge in das Hafenbecken.

George III. und sein Premierminister North schränkten die Selbstverwaltung der Kolonien ein und entsandten Soldaten. Die Briten machten keine Zugeständnisse und glaubten nicht, dass es zum Krieg kommen werde. General Grant versicherte dem Unterhaus des Parlaments, die Kolonien würden es nicht wagen, sich den britischen Truppen zu widersetzen, zumal sie keine guten Soldaten hätten. Lord Sandwich wiederum überzeugte die Abgeordneten des Oberhauses von der Unmöglichkeit eines Krieges mit dem Argument, die Siedler seien rohe, disziplinlose Feiglinge.

Zwei Jahre später herrschte Krieg, die Unabhängigkeitserklärung war unterzeichnet, die britische Armee kapitulierte vor den Truppen des Gegners, und Britannien hatte Amerika verloren.

Lernten die Briten daraus? Die Ostindien-Kompanie saß in den anderen Kolonien, vor allem in Indien, fest im Sattel. Die britische Regierung strich mit Hilfe der Kompanie von Jahr zu Jahr saftigere Gewinne ein. Zwar unterstützten die Briten offiziell den Freihandel, doch zu dem gewaltigen indischen Markt hatte nur die Ostindien-Kompanie Zugang. Die britischen Produkte waren gegenüber den deutschen auf dem internationalen Markt nicht konkurrenzfähig, aber in Indien war ihr Absatz garantiert. In den besten Jahren betrug der Anteil Indiens mehr als ein Viertel des Gesamtexports des britischen Imperiums. Unabhängige Fürstentümer wurden der britischen Verwaltung unterstellt. Zwar begannen die Inder, demokratische Rechte zu fordern, doch die Kolonialverwaltung schenkte den kritischen Stimmen kein Gehör. Die Spannungen verschärften sich, bis 1857 die Krise ausbrach.

Im Hintergrund standen die rigider gewordene britische Administration und ihre grenzenlose Arroganz gegenüber den örtlichen Gepflogenheiten. In der in Indien stationierten Armee dienten 200 000 indische Soldaten, Hindus und Muslime. Sie wurden *Sepoy* genannt. Die Sepoys hatten seit langem unter den Demütigungen durch die britischen Offiziere gelitten. Der Auslöser der Krise war ein Gerücht über die Verwendung von tierischen Fetten. Es hieß, die britische Armee konserviere ihre Munition in Rindertalg, eine entsetzliche Vorstellung für die Hindus. Die als «Sepoy-Aufstand» bekannte Empörung erfasste auch die Baracken der Muslime, denn sie hatten die Auffassung gewonnen, dass zur Konservierung Schweineschmalz verwendet wurde. Den Briten gelang es nicht, diese Gerüchte aus der Welt zu schaf fen. Zu Gewalttaten kam es, als die Briten Sepoys bestraften, die sich weigerten, die Patronen zu benutzen.

Die Briten verloren 11 000 Mann, bevor die Feindseligkeiten 1858 eingestellt wurden. Nach britischer Lesart handelte es sich um einen Aufstand, in Indien dagegen wird der Zwischenfall als erster Schritt im Kampf um die Unabhängigkeit verstanden.

Das Endergebnis der Unruhen war, dass die Ostindien-Kompanie ihre Macht endgültig an die britische Regierung abtreten musste. Der Aufstand hatte das Nationalgefühl der Inder entfacht. Verschiedene ethnische Gruppen betrachteten sich nun als zusammengehörig, als «Inder», die einen gemeinsamen Feind hatten. Die Briten, die sich in ihren Clubs und Bergvillen isoliert hatten, waren jedoch nicht willens, ihre wirtschaftliche und politische Macht zu teilen.

Der eigensinnige General Reginald Dyer setzte 1919, ohne es zu wollen, einen Prozess in Gang, der schließlich zur Unabhängigkeit Indiens führte. Die Einwohner des Punjab hatten sich zur Feier des Frühjahrsfestes in Amritsar versammelt. In dieser Stadt befindet sich der Harmandir Sahib, der Goldene Tempel, das geistliche und kulturelle Zentrum der Sikhs. Dyer hatte Volksversammlungen verboten, vermutlich in Unkenntnis des regionalen Festkalenders. Er befahl seinen Soldaten, auf die Menschenmenge zu schießen, solange die Munition reichte. Die Menge trat nicht drohend auf, dennoch wurde keine Vorwarnung gegeben. Das Feuer dauerte ohne Unterbrechung zehn Minuten. Tausendzweihundert Menschen wurden schwer verletzt, fünfhundert starben. Dyer schien auf seine Tat stolz zu sein. Er wurde vom Dienst suspendiert, aber nie formal bestraft. Auch während des Gerichtsverfahrens sah Dyer nichts Falsches an seinem Vorgehen. In Großbritannien wurde er als Retter des Punjab bezeichnet, und die Zeitung *Morning Post* (die Vorgängerin des *Daily Telegraph*) organisierte eine Spendensammlung für den Verteidiger des Imperiums: Er bekam 26 000 Pfund und ein Ehrenschwert.

Das war zu viel für die Inder. Auch für die gemäßigten Nationalisten wurde der Vorfall zum Wendepunkt. Orden wurden an die britischen Behörden zurückgegeben, und die Briten wurden nicht mehr respektiert. Motilal Nehru, der Vorsitzende der Kongresspartei, verlor das Vertrauen zu ihnen. Er gab seine westliche Kleidung auf, kleidete sich wie Gandhi in einheimische Baumwolle und schloss sich Gandhis Anhängern an. Nach dem Massaker von Amritsar setzte sich die indische Befreiungsbewegung die volle Unabhängigkeit zum Ziel. Dyer brachte es immer noch nicht über sich zu schweigen. Seiner Ansicht nach war Gandhi nicht zum Anführer geeignet. Man könne Indien nicht einmal Selbstverwaltung zugestehen, denn «davon versteht es nichts». Dyer starb 1927. Die *Morning Post* veröffentlichte einen Nachruf unter der Überschrift «Der Mann, der Indien rettete».

Als Mahatma Gandhi gefragt wurde, was er von der westlichen Zivilisation halte, antwortete er, möglicherweise wäre es gut, wenn es eine solche gäbe. Gandhi rief die Kampagne der Nichtkooperation ins Leben und forderte zum Boykott britischer Produkte auf. Als Vizekönig Linlithgow 1939 den Eintritt Indiens in den Zweiten Weltkrieg erklärte, ohne dem Land Unabhängigkeit in Aussicht zu stellen, rief der Nationalkongress erneut zum Ungehorsam auf. 1947 wurde Indien unabhängig.

Die Ostindien-Kompanie verhielt sich wie ein Staat im Staate. Im Schutz ihrer Monopolstellung konnte sie ihren Teilhabern große Reichtümer zufließen lassen. Das Monopol der Briten saugte jedoch Amerika und Indien aus, ohne der örtlichen Bevölkerung eine Gegenleistung zu geben. Die Handelskompanien zählen zu den skrupellosesten Organisationen der westlichen Wirtschaftsgeschichte; sie schreckten vor nichts zurück, weder vor Sklavenhaltung noch vor Drogenhandel. Die vornehmen Hauptsitze der Handelshäuser in Lissabon, Sevilla, Paris, London und Amsterdam geben ungern Auskunft über ihr blutiges Fundament. Als Staatsmonopole schufen sie einen nationalen Wohlstand, den viele Europäer heute noch genießen.

Den Amerikanern waren Monopole dieser Art immer ein Greuel. Eine Folge der skrupellosen Tätigkeit der Ostindien-Kompanie war die amerikanische Unabhängigkeitserklärung. Seit jener Zeit herrscht in den Vereinigten Staaten das Bestreben, die staatliche Kontrolle und die dominierende Marktstellung des Staates so weit einzuschränken wie möglich. Es ist eine Ironie der Geschichte, dass man dennoch gerade in den Vereinigten Staaten die schwersten Krisen der westlichen Wirtschaftsgeschichte seit dem Börsensturz erlebte, weil die geringe Kontrolle dazu führte, dass sich die ökonomische Macht in den Händen einiger weniger konzentrierte. Das schlimmste einzelne Beispiel für die rücksichtslose Ausnutzung einer dominierenden Marktposition war Enron.

ENRON

In den 1990er Jahren galt der Energiekonzern Enron als eines der erfolgreichsten und funktionsfähigsten Unternehmen. Als seine Leitwerte nannte er «Respekt», «Ehrlichkeit», «Kommunikation» und «Vorzüglichkeit». Unbarmherzigkeit und Arroganz haben bei Enron keinen Platz, verkündete die Firma. Als es ernst wurde, waren diese Erklärungen wertlos.

Seit 1997 hatte Enron seine Gewinne um 567 Millionen Dollar nach oben beschönigt und seine Verluste verborgen, indem die Schulden so platziert wurden, dass sie nicht in der Bilanz auftauchten. An der Verheimlichung der Verluste war der Wirtschaftsprüfungskonzern Arthur Andersen beteiligt, dessen Mitarbeiter kurz vor dem Konkurs von Enron Unterlagen des Unternehmens vernichteten.

Die Direktoren von Enron verdienten märchenhafte Summen, die den Gewinn der Aktionäre schmälerten. Infolge des Konkurses verloren viele der 20000 Mitarbeiter von Enron ihre Betriebsrente.

Enron war anfangs eine Erfolgsstory; jedes Wirtschaftsblatt pries die Leistungen des Unternehmens. 1997 war es in zweiundzwanzig Ländern vertreten. Innerhalb von fünf Jahren hatte sich der Aktienwert verdreifacht. Enron beherrschte den Gas- und Strommarkt und war 1998 der größte Energiehändler Nordamerikas. Jeffrey Skilling, der Geschäftsführer des Unternehmens, forderte beharrlich die Liberalisierung des Energiemarktes. In der Praxis besaß Enron jedoch das Monopol.

Im November 1999 hatte Enron einen Online-Service eingerichtet, mit dem man Kauf- und Verkaufsangebote für Energie in Echtzeit im Internet abgeben konnte, wie beim Handel mit Aktien. Doch anders als im Börsenhandel wurde dieser Service von einer privaten Organisation kontrolliert: von Enron. Durch den Online-Service war Enron jederzeit über die Angebote der Konkurrenz informiert. Das ermöglichte es seinen Verkaufskräften, risikolos mit den Energiepreisen zu spekulieren. Die Kontrolle über den Markt ließ das Unternehmen glauben, es könne sich alles erlauben.

Jeff Skilling, der Enron-Geschäftsführer, hatte die Neigung, Dinge zu vereinfachen. Ihn begeisterte die intellektuelle Reinheit einer Idee – nicht ihre Verwirklichung. Dass die Wirklichkeit nicht mit der Theorie übereinstimmte, erkannte er nur äußerst unwillig an. Allmählich wuchs seine

Überheblichkeit, und er begann sich für den Klügsten im ganzen Haus zu halten.

Skilling scherte sich auch nicht um die Kosten, denn Pfennigfuchserei erzeugte keine Ideen. Man konnte schließlich alles kaufen. Wenn jemand in Europa Geschäfte abschließen wollte, flog er kurzerhand hin. Hunderte von Unterhändlern jetteten in der ersten Klasse und übernachteten in Luxushotels. Einer der Manager schätzte die allgemeinen Ausgaben von Enron auf 1,8 Milliarden Dollar jährlich.

Die moralische Rücksichtslosigkeit des Unternehmens trat zutage, als der Staat Kalifornien beschloss, die Regulierung des Strommarktes aufzuheben. Die Händler erhielten die Möglichkeit, die Stromreserven des Staates zu kaufen und zu verkaufen. Die Intelligenzbestien bei Enron ließen sich eine gute Frage einfallen: Was würde geschehen, wenn ein Händler dem Staat Energie für den nächsten Tag verkaufte, den Zeitplan aber so anlegte, dass keine Möglichkeit bestand, den Strom tatsächlich zu liefern? Welche Auswirkungen hätte das auf den Strompreis – zumal Enron die Energielieferungen in Kalifornien im Würgegriff hatte?

Die Abschaffung der Regulierung schien ein echter Erfolg zu sein. Anfangs sank der Strompreis. Doch dann begannen die Stromlieferanten zu spekulieren, und die Preise stiegen. Enron hatte lange gepredigt, freier Wettbewerb würde den Preis heruntertreiben. Doch im Fall Kalifornien rückte das Unternehmen von diesem Prinzip ab. Die Verkäufer sollten nicht den kalifornischen Verbrauchern dienen, sondern Geld machen. Indem sie die Stromlieferungen einschränkten, konnten sie den Energiepreis in schwindelnde Höhen treiben. Sie verkauften zum Beispiel Strom aus Nevada über einen Verteiler, der jeweils fünfzehn Megawatt übertragen konnte. Wenn 2900 Megawatt bestellt wurden, konnten sie nicht geliefert werden. Der Auftraggeber musste den Strom kurzfristig anderweitig kaufen, und der Preis stieg um siebzig Prozent.

Als die Sache untersucht wurde, verteidigte sich der Enron-Chefhändler Tim Belden mit dem Argument, es sei darum gegangen, Gesetzeslücken zu suchen, und er habe dem Staat Kalifornien einen Dienst erwiesen: Wenn jemand falsch handelte, lag die Schuld beim Kontrolleur, der nicht richtig aufgepasst hatte! Enron musste eine lächerlich niedrige Geldstrafe von 25 000 Dollar zahlen, die das Unternehmen natürlich nicht davon abhielt, weiterzumachen wie bisher. Enron begann, Strom aus Kalifornien zu exportieren und zu hohen Preisen nochmals zu verkaufen. Man nannte dieses Verfahren Stromwäsche. Im Frühjahr 2000 herrschte in Kalifornien eine unerhörte Hitzewelle, und der Staat brauchte alle verfügbare Energie. Der Preis für eine Megawattstunde stieg von vierundzwanzig auf siebenhundertfünfzig Dollar. Mitte Juni musste der Staat zum ersten Mal seit dem Zweiten Weltkrieg die Stromversorgung unterbrechen. Jeweils eine Region war zwei Stunden lang ohne Strom, und wenn die Versorgung wiederaufgenommen wurde, gingen in der Nachbarregion die Lichter aus. In San Diego mussten Firmen schließen und Schulen die Kinder nach Hause schicken, weil die Stromrechnungen nicht bezahlt werden konnten. Die Bevölkerung wurde rebellisch. Am Ende des Sommers herrschte in Kalifornien eine Krise. Zur gleichen Zeit verbuchte Enron atemberaubende Profite.

So ging es trotz der Proteste der kalifornischen Behörden weiter bis in den Januar des folgenden Jahres, als der Strom erneut ausfiel. Als der Energiebedarf am größten war, schloss Enron absichtlich Kraftwerke! Aufzüge blieben stecken, und es kam zu Unfällen, weil die Ampeln ausfielen. Bankautomaten waren außer Betrieb. Im Januar war Beldens Energiehandel so ertragreich wie nie zuvor: 254 Millionen Dollar. Um die gleiche Zeit kamen Beldens Tricks seinen Vorgesetzten zu Ohren. Belden wurde nicht etwa gefeuert, weil er die Energiekrise in Kalifornien herbeigeführt hatte, sondern er wurde befördert und erhielt einen Bonus von fünf Millionen Dollar. Die Krise endete erst im Sommer 2001, als die Bundesbehörde für Energieaufsicht FERC endlich eingriff.

Die Führung von Enron blieb bis zum Schluss skrupellos. Skilling wiederholte, die Kalifornier müssten Enron dankbar sein, denn das Unternehmen versuche, den Markt zu liberalisieren. Über die Leiden der Kalifornier lachten die Enron-Direktoren nur. Skilling witzelte auf einer Konferenz in Las Vegas: «Was ist der Unterschied zwischen Kalifornien und der Titanic? Die Titanic ging in voller Beleuchtung unter.»

Viele Firmenkunden kündigten ihre Verträge, wogegen Enron Klage erhob. Während der Prozesse kamen alle Verstöße ans Licht. Skilling wurde zu vierundzwanzig Jahren Gefängnis verurteilt.

GEBIETER UEBER DAS UNIVERSUM

Fünfhundert Millionen Dollar sind eine unbegreifliche Summe. Würde man sie in Hundert-Dollar-Scheinen aufstapeln, wäre der Stapel dreihundert Meter hoch, würde also bis an die oberste Plattform des Eiffelturms reichen.

Fünfhundert Millionen Dollar war die Summe, die Richard Fuld, der Geschäftsführer der Investmentbank Lehman Brothers in den Jahren 1993 bis 2007 verdiente. Im Dezember 2008 bekam Dick Fuld den «Dieb»-Preis der *Financial Times*, weil er 2006 einen Bonus von vierzigeinhalb Millionen Dollar und 2007 weitere fünfunddreißig Millionen Dollar eingesteckt hatte.

Die Bonuskultur der amerikanischen Banken ist ein typisches Beispiel für die Megalomanie des Privatsektors, die letztlich die ganze Welt in eine Wirtschaftskrise trieb. Wenn die Bonusse sich in dieser Größenordnung bewegen und ein einzelner Direktor hundert Millionen im Jahr verdienen kann, wen kümmert es dann, ob die Firma in einigen Jahren noch Gewinn macht? Lehman Brothers ging in Konkurs, Dick Fuld nicht.

Anfang des 21. Jahrhunderts reiste eine Schar isländischer Investoren durch die Welt, um Unternehmen zu kaufen. Einige kamen auch nach Finnland. Sie wollten große Anteile an Versicherungsgesellschaften, Fernsehanstalten und sogar an der Fluggesellschaft Finnair. Außerdem wollten sie Sitze in den Aufsichtsräten der Unternehmen und mehr Macht. Alle wunderten sich über die Selbstsicherheit der Isländer und fragten sich, woher sie das Geld hatten.

Reykjavik Mitte Oktober 2008: Die Parkplätze sind voll von abgemeldeten Allradjeeps und Mercedes-Limousinen. Die Modegeschäfte in den Einkaufszentren wirken wie ausgestorben. Der isländische Premierminister plant eine Geldbeschaffungsreise durch die skandinavischen Länder. Eine Riesendemonstration fordert den Rücktritt der Bankdirektoren und des Premierministers. Das ganze Land steht vor dem Staatsbankrott. Der Wert der isländischen Krone ist in den Keller gesackt.

Noch Anfang 2008 versicherte David Oddson, der Leiter der isländischen Zentralbank, einem Journalisten der Zeitung *Monocle*, die isländischen Banken seien stabil. Sie hätten gute Profite vorzuweisen. Oddson empfahl den Sparern, ihre Einlagen bei den isländischen Banken zu belassen, da deren Strategie brillant sei: Sie nahmen das Geld für die Expansion von den Konten der Sparer statt vom Finanzmarkt. Das war nach Oddsons Ansicht weitaus solider. Man müsse die Banken dafür loben, statt sie zu bestrafen.

Dass der Staat Island in den Bankrott getrieben wurde, war eine Folge des Größenwahns der isländischen Investmentbanker, die Summen investierten, die um ein Vielfaches höher waren als das gesamte Bruttosozialprodukt des Landes. Die Welteroberungsträume der jungen, dynamischen Banker scheiterten jedoch an ihrer eigenen Absurdität. Am Ende blieben nur Schulden.

Der Samen für den wirtschaftlichen Zusammenbruch Islands und der ganzen Welt war freilich in New York gesät worden. Die Kettenreaktion der Konkurse und der fallenden Aktienkurse nahm ihren Anfang bei einem Abendessen des Generaldirektors von Lehman Brothers, Richard Fuld, mit Finanzminister Hank Paulson im Frühjahr 2008.

Lehman Brothers hatte große Probleme. Eines der ältesten Unternehmen in den Vereinigten Staaten war durch die Anfang des Jahres ausgebrochene Subprime-Krise in ernste Schwierigkeiten geraten. Lehman Brothers war, wie andere Investmentbanken auch, über den Handel mit Derivaten von Immobilienkrediten gestolpert, bei dem es um wilde Spekulation mit hohem Risiko ging.

Die Zentralbank der USA hatte den Leitzins lange niedrig gehalten. Seit Mitte der 1990er Jahre hatten die Banken hochverzinste Immobilienkredite an Einkommensschwache vergeben, die keine Möglichkeit hatten, ihre Schulden zurückzuzahlen. Die Banken verlagerten das Kreditrisiko auf die Investmentbanken, die aus den Immobilienkrediten Derivate schufen und weltweit an Investoren verkauften. Bei einem Derivat handelt es sich um ein Termingeschäft, bei dem sich die Beteiligten auf eine künftige Transaktion und deren Preise einigen. Dafür wurde ein interessanter Name erfunden, CDO (Collateralized Debt Obligations), und die Ratingagenturen stuften die Obligationen hoch ein. Immobilienkredite wurden also in dem Glauben gehandelt, die Preise würden unaufhörlich steigen. Das spornte wiederum die Banken an, den Schuldenhebel einzusetzen, um einen noch besseren Preis zu erzielen.

Bear Stearns, Morgan Stanley und Lehman Brothers investierten ihre Mittel mit mehr als dreißigfachem Schuldenhebel in diese Derivate. Der bedeutendste Bürge dieser Refinanzierung war der Versicherungsriese AIG, der Verbindlichkeiten im Wert von vierhundert Milliarden Dollar ansammelte.

Die Subprime-Geschäfte waren nur ein tollkühnes Beispiel dafür, wie Computerprogramme Preise für «Produkte» errechnen, die sich aus den seltsamsten Stoffen entwickeln lassen. Da der Immobilienhandel mit dem Kapital der Bank die Immobilienpreise in die Höhe trieb, wurden hohe Bonuszahlungen an die Mitarbeiter möglich. Bei den Investmentbanken waren sie üblich. Allein die Bank Bear Stearns zahlte in den Jahren 2005 bis 2007 insgesamt 11,3 Milliarden Bonus, Lehman Brothers 21,6 Milliarden und Merril Lynch 45 Milliarden. In Hundert-Dollar-Scheinen würde das einen Stapel von 4674 Kilometer Höhe ergeben, vierundvierzig Kilometer mehr als die Länge von Chile.

Die Gebieter über das Universum, *masters of the universe*, war eine von dem Schriftsteller Tom Wolfe ersonnene Bezeichnung für die Banker. In seinem Buch *Fegefeuer der Eitelkeiten* schildert er einen Banker von der Wall Street, der sich für den Gebieter über das Universum hält, aber in Schwierigkeiten gerät und schließlich machtlos und unbedeutend wird. Richard Fuld von Lehman Brothers war ein typisches Beispiel für einen solchen Herrn des Universums. Er wurde als streitsüchtiger Mann beschrieben, der seine Taten nie bereute. Als man Fuld vor den Subprime-Risiken warnte, weigerte er sich zuzuhören. Er beschimpfte die Warnenden sogar als Feiglinge, was viele Schlüsselpersonen veranlasste, die Bank zu verlassen.

Im Sommer 2007 begann der Aktienkurs von Lehman

Brothers zu sinken, da die Investoren bemerkt hatten, dass die Bank in großem Maßstab Immobilienkredite finanzierte. Weil sie im Vergleich zu den anderen Banken der Wall Street klein war, rechnete man damit, dass ihre Verluste fatal sein würden.

Paulson, der Leiter der Zentralbank, hielt Fuld für einen Spieler, der den Bezug zur Realität verloren hatte. Er war besorgt über den Grad der Verschuldung von Lehman und vor allem darüber, dass Lehman mit Kreditgeldern weitere verschuldete Investmentfonds aufkaufte. Mit Schulden wurden Schulden gekauft – und für all das bürgte der Steuerzahler. Paulson forderte Fuld auf, Lehman an die koreanische Staatsbank zu verkaufen, die ein Angebot gemacht hatte. Damit brachte er Fuld in Rage. Larry McDonald, ein ehemaliger Mitarbeiter von Lehman, der ein Buch über den Zusammenbruch der Bank geschrieben hat, glaubt, dass Fulds Wutausbruch das Schicksal von Lehman besiegelte. Fulds Benehmen war nach Paulsons Ansicht arrogant und respektlos.

Im Juni 2008 gab Lehman Brothers bekannt, der Verlust im zweiten Quartal betrage 2,8 Milliarden Dollar. Nur einige Monate zuvor, im März 2008, hatte Fuld einen Bonus von zweiundzwanzig Millionen Dollar eingestrichen.

Am 12. September erklärte Paulson, das Geld der Steuerzahler werde nicht für die Rettung von Lehman verwendet. Bei Lehman glaubte man immer noch, dass Paulson bluffte.

Am Sonntag, dem 14. September, meldete Lehman Brothers Konkurs an. Die Märkte waren davon ausgegangen, dass die amerikanische Zentralbank dies nicht geschehen lassen würde. Am Montag war es auf den Märkten in Europa und Asien zunächst still, dann brach Panik aus. Innerhalb von sechsunddreißig Stunden verschwanden insgesamt sechshundert Milliarden Dollar von den Weltmärkten. Die Geldhähne der Kreditmärkte wurden zugedreht. In den Vereinigten Staaten und in Europa stellte man fest, dass auch große Banken innerhalb weniger Tage zusammenbrechen konnten, wenn die Zentralbanken das Finanzierungssystem nicht stützten.

Die amerikanische Zentralbank Fed sah sich am 16. September zu der Ankündigung gezwungen, sie werde der AIG fünfundachtzig Milliarden Dollar leihen und als Gegenleistung einen Besitzanteil von 79,9 Prozent übernehmen. Die Bank of America kaufte Merrill Lynch, am 18. September kaufte Lloyds in Großbritannien die Bank HBOS. Goldman Sachs und Morgan Stanley erklärten, ihren Status als Investmentbanken aufzugeben und künftig als normale Banken tätig zu sein. Die Regierungen Deutschlands, Luxemburgs und Belgiens gaben bekannt, sie hätten der europäischen Finanzbank Dexia Geld zufließen lassen, um ihren Zusammenbruch zu verhindern. Dann erklärte die deutsche Regierung, sie stütze den Immobilienriesen Hypo Real Estate. Die Niederlande verstaatlichten die Bank Fortis. Island verstaatlichte alle seine Banken. Am 8. Oktober schüttete die britische Regierung fünfundzwanzig Milliarden Pfund Steuergelder auf den Markt, um das Bankwesen des Landes aufrechtzuerhalten.

Das Erschütterndste bei all dem war, dass die Bankdirektoren weiterhin stur an ihrem Bonus festhielten.

Die der Bank of America angegliederte Bank Merill Lynch zahlte 2008 Boni in Höhe von vier Milliarden. Einige Tage später gab sie ein Defizit von fünfzehn Milliarden bekannt! John Thain, der letzte Geschäftsführer der Bank, wurde zum Sinnbild einer Habgier, die sich völlig von der öffentlichen Meinung entfremdet hatte, als er in aller Ruhe für mehr als eine Million Dollar sein Dienstzimmer neu einrichten ließ, bevor die Bank endgültig an die Bank of America überging.

2008 verdiente Goldman 2,3 Milliarden Dollar und erhielt vom Staat zehn Milliarden. Gleichzeitig zahlte die Bank Honorare in Höhe von 4,8 Milliarden Dollar. Morgan Stanley wiederum verdiente 2007 insgesamt 1,7 Milliarden Dollar und erhielt zehn Milliarden Dollar Unterstützung, zahlte aber den Direktoren dennoch Boni in Höhe von 4,475 Milliarden Dollar.

Der wirtschaftliche Zusammenbruch und die öffentliche Meinung wirkten sich nicht auf die Bonuspraxis der Banken aus. In den Vereinigten Staaten überstiegen bei neun staatlich unterstützten Banken die Boni der Führungskräfte die Nettoeinnahmen der gesamten Bank, wie die Berechnungen von Andrew Cuomo vom Justizministerium ergaben. Trotz des katastrophalen Jahres 2008 erhielten an der Wall Street mindestens 4793 in der Finanzbranche tätige Personen Bonuszahlungen von über einer Million Dollar. «Als es den Banken gutging, wurden ihre Mitarbeiter gut bezahlt. Als es den Banken schlechterging, wurden ihre Mitarbeiter gut bezahlt. Und als es den Banken wirklich schlecht ging, wurden sie mit dem Geld der Steuerzahler gerettet, und ihre Mitarbeiter wurden weiterhin gut bezahlt», resümierte Cuomo.

Der *New York Times* zufolge betrugen die Bonuszahlungen der neun Banken im Jahr 2008 insgesamt 32,6 Milliarden Dollar, und ihre Verluste summierten sich auf einundachtzig Milliarden Dollar. Präsident Barack Obama bezeichnete die Boni der staatlich unterstützten Banken als Gipfel der Verantwortungslosigkeit.

Es war die AIG, die das Fass endgültig zum Überlaufen brachte. Das Defizit der Versicherungsgesellschaft AIG wurde mit hundertsiebzig Milliarden Dollar ausgeglichen, einer Summe, die fast dem Dreifachen des finnischen Staatshaushaltes entspricht. Von diesen Geldern hatte die AIG ihren Führungskräften hundertfünfundsechzig Millionen Dollar als Bonus gezahlt. Im März 2009 war das Maß des amerikanischen Präsidenten und seines Stabs voll. Der AIG wurde klargemacht, dass die Bonuszahlungen zurückerstattet werden mussten, andernfalls würden sie so hoch besteuert, dass den Direktoren unter dem Strich nichts bleibe. Die Verärgerung über das Bonussystem war weltweit. Deutschland hatte den Banken schon zuvor strenge Auflagen diktiert. In Großbritannien und Frankreich wurde 2009 ein Gesetz erlassen, das die Banken verpflichtete, Bonuszahlungen mit fünfzig Prozent zu versteuern.

Auch auf andere gewohnheitsmäßige Begünstigungen wollten die Führungskräfte von in wirtschaftliche Bedrängnis geratenen Unternehmen äußerst ungern verzichten. Im Herbst 2008 gerieten Privatjets in Verruf, als die Direktoren der drei größten Autohersteller der USA den Kongress um Geld baten – sie waren in Privatjets nach Washington gekommen. Infolge der allgemeinen Empörung fuhren sie beim nächsten Mal mit dem Auto, und die Jets wurden verkauft. Im Januar 2009 musste die zweitgrößte Bank der Vereinigten Staaten, Citigroup, ihre Bestellung eines Firmenjets vom Typ Falcon 7x für fast fünfzig Millionen Dollar rückgängig machen. Die Stornierung war vom neuen Hauptbesitzer der Bank, dem Staat, gefordert worden. Citigroup hatte den Jet kurz nach der Rettung durch Steuergelder bestellt.

Der freie Fall der freien Marktwirtschaft hat gezeigt, dass die Konzentration auf Ergebnisse, Übernahmen und Wettbewerb nicht mehr der einzige Maßstab für den Wert einer Führungskraft sein kann. Die Unfähigkeit der Direktoren, die Empörung der Bürger zu verstehen, macht schonungslos sichtbar, wie weit eine gut verdienende Elite sich von der Realität und von den Wertvorstellungen der Normalbevölkerung entfernen kann.

Gillian Tett behauptet, die Weltwirtschaftskrise, die von der Wall Street 2008 ausgelöst wurde, sei zu einem großen

Teil darauf zurückzuführen, dass eine kleine Elitegruppe von Bankern die Außenwelt aus dem Blick verlor, sich weigerte, andere anzuhören, und in ihrer eigenen Illusion lebte.

Doch mit Ausnahme von Häftlingen kann in keiner Gesellschaft irgendjemand völlig isoliert leben. In vielen Gesellschaften sammelt die Elite, um ihre Macht zu wahren, nicht nur Reichtümer an, sondern ist auch bestrebt, die jeweils geltende Ideologie zu dominieren und Einfluss darauf zu nehmen, was gesagt und worüber nicht gesprochen wird. Schweigen hilft, die Machtstrukturen aufrechtzuerhalten. Die Mitarbeiter großer Bankorganisationen wissen nicht unbedingt, was sie tun. Nach Gillian Tetts Ansicht betrachteten die Banker ihre mathematischen Modelle gewissermaßen als unfehlbare Richtschnur für die Zukunft und übersahen, dass die Modelle auf einer lächerlich geringen Datenmenge beruhten. Innerhalb der Banken konkurrierten die einzelnen Abteilungen um Ressourcen, und niemand hatte eine umfassendere Vision oder ein Gesamtbild von dem, was gerade geschah. Am gefährlichsten war Tett zufolge die Abschottung. Die Banken lebten in ihrer eigenen Welt und kamen mit dem Rest der Gesellschaft nicht in Berührung. Nun zahlen Millionen normaler Familien die Rechnung, und Tett betrachtet ihre Wut als Anklage gegen die Funktionsfehler der westlichen Gesellschaft.

Als die Firma Redera, die sich auf Consulting für Geschäftsführer spezialisiert hat, im Sommer 2009 eine Untersuchung über die Wertvorstellungen der finnischen Arbeitnehmer veröffentlichte, waren die Ergebnisse weit entfernt von dem, womit die Unternehmensberater ihr Konzept des Erfolgshonorars begründeten. Die Menschen wünschen sich vor allem bessere zwischenmenschliche Beziehungen, Sicherheit und Wohlbefinden. Das Geld ist auf den letzten Rang zurückgefallen. Vierundachtzig Prozent der Befragten legen in ihrer Freizeit vor allem Wert auf Entspannung und

Genuss. Man investiert mehr als früher in kleine, wohltuende Produkte und Dienstleistungen. Der Untersuchung zufolge wünschen sich die Menschen heute berufliche Aufgaben, die eine tiefere Bedeutung für sie selbst haben.

VI DIE KUNST DER DEMUT

Im letzten Kapitel geht es um Erfolgsgeschichten,
für die Toleranz, Respekt vor anderen
und Offenheit für Kritik
das Fundament gelegt haben.
Deshalb entstand die Wissenschaft im
antiken Griechenland und die Renaissance in Italien.

IM JANUAR 1919 veranstalteten die Vereinigten Staaten, Frankreich, Italien und Großbritannien in Paris eine Konferenz, bei der es um die Neuregelungen nach dem Ersten Weltkrieg und um die Kriegsschuld ging. Die Verhandlungen, an denen fast hundert Diplomaten teilnahmen, wurden im Juni beendet. Deutschland wurde ein fertiger Vertrag vorgelegt, nach dem Motto «unterschreiben oder besetzt werden». Paragraph 231 erlegte Deutschland auf, die alleinige Verantwortung für den Kriegsausbruch zu übernehmen. Deutschland hatte an den Verhandlungen nicht teilnehmen dürfen, und nach Ansicht der Deutschen kam der einseitige Beschluss über ihre Kriegsschuld einer Beleidigung gleich.

Aufgrund dieses Paragraphen wurde Deutschland zu Reparationen für alle Kriegsschäden verpflichtet, deren Umfang später festgelegt wurde. Die Siegermächte verfolgten sehr unterschiedliche Ziele. Den Vereinigten Staaten und Großbritannien ging es um politische Entspannung, doch die harte Linie des französischen Premierministers Clemenceau setzte sich durch. Clemenceau, der als junger Mann wie Bismarck eine Vorliebe für Duelle gehabt hatte, war von extremem Konkurrenzdenken geprägt. Er hatte den Spitznamen Tiger erhalten, weil er als Oppositionspolitiker begierig gewesen war, die jeweilige Regierung zu stürzen. Nun wollte er Deutschland stürzen. Um auf die Franzosen Eindruck zu machen, setzte Clemenceau alles daran, Deutschland materiell, territorial und psychologisch zu schlagen. Sein besonderes Interesse galt den reichen Gebieten Elsass und Lothringen. Deutschland verlor dreizehn Prozent seines Territoriums, doch in diesen Gebieten waren fünfundsiebzig Prozent des deutschen Eisenerzes, dreißig Prozent des Stahls und achtundzwanzig Prozent der Steinkohle erzeugt worden. Zur Gewährleistung der Reparationszahlungen wurden die linksrheinischen Gebiete sowie später auch das Ruhrgebiet mit seinen Industriezentren besetzt.

Im Januar 1921 wurde die Entschädigung auf zweihundertsechsundzwanzig Milliarden Goldmark angesetzt. Später wurde die Summe auf hundertzweiunddreißig Milliarden Goldmark gesenkt, was immer noch als astronomisch hoch galt. Bis 1932 hatte Deutschland dreiundfünfzig Milliarden Mark gezahlt. Bezeichnend für die Maßlosigkeit der Forderung ist, dass Deutschland rein rechnerisch die Reparationen erst 1988 restlos hätte abzahlen können, wenn der Zweite Weltkrieg nicht dazwischengekommen wäre.

Der Friedensvertrag von Versailles weckte maßlose Verbitterung in Deutschland, wo er bald als «Schandfrieden» bezeichnet wurde.

John Maynard Keynes schrieb ein Buch über die wirtschaftlichen Folgen des Friedensvertrags, in dem er darlegte, hinter dem Versailler Vertrag stehe eher der rachsüchtige Wunsch Frankreichs, Deutschland zu zerstören, als das Bestreben, mit gerechteren Prinzipien zu einem dauerhaften Frieden zu gelangen. Nach Keynes' Ansicht schuf die Dummheit der Politiker einen fruchtbaren Boden für den Aufstieg des Nationalsozialismus. Der Friede von Versailles war eines der politischen Hauptthemen Hitlers.

Man sollte einen Feind nie völlig niederschmettern. Eine zu brutale Machtausübung rächt sich. In dem chinesischen Klassiker *Sunzi: Über die Kriegskunst* wird betont, dass wilde Tiere, die in die Enge getrieben werden, verbissen kämpfen. Ebenso, heißt es weiter, kämpfen auch Menschen bis zum Tod, wenn sie wissen, dass sie keine Alternative haben. Deshalb müsse man einem eingekreisten Feind einen Fluchtweg lassen und dürfe ihn nicht angreifen, wenn er nach Hause ziehe. Die Franzosen hinderten die Deutschen daran, nach Hause zurückzukehren.

Laut Aristoteles ist es die wichtigste Aufgabe des Menschen, ein glückliches Leben anzustreben. Dieses Ziel erreiche man jedoch nicht durch Reichtum und Ruhm, sondern durch vernünftiges Verhalten, durch Mäßigung. Vermutlich lagen die Werke von Aristoteles während der Verhandlungen nicht auf Premierminister Clemenceaus Nachttisch.

ERFOLG IST GLUECKSSACHE

Selbstsichere Menschen erreichen oft Macht und Erfolg. Aber wenn die Selbstsicherheit sich auf falsche Voraussetzungen stützt, entsteht ein ausgezeichneter Nährboden für Arroganz. Geoff Mulgan zufolge stürzen viele führende Persönlichkeiten wegen ihrer Charaktereigenschaften vom Podest: Fanatische Selbstsicherheit verwandelt sich in berechnenden Hochmut, Aufmerksamkeit für die Meinungen anderer in Unentschlossenheit, schwungvolle Rhetorik in Überheblichkeit. Mulgan stellt fest, dass die betreffende Führungskraft in der Regel durch einen Nachfolger ersetzt wird, der so geartet ist, wie es der Vorgänger selbst zwei Jahrzehnte zuvor gewesen war.

Aristoteles zufolge bedeutet Hybris, dass der Mensch das Ideal des goldenen Mittelwegs aufgibt und – von seiner Vortrefflichkcit überzeugt – falsch handelt. Auf die Hybris folgt denn auch häufig die Nemesis, die Rache der Götter. Die Nemesis repräsentierte die Gerechtigkeit. Ihre Aufgabe war es, das Unrecht wiedergutzumachen, das durch Arroganz und Überschätzung verursacht wurde.

Die Chinesen haben eine noch zynischere Auffassung von der Rache. Nach traditioneller chinesischer Vorstellung vollzieht sich der Aufstieg und Niedergang von Dynastien nach einem konstanten Muster. Alles hat seinen Platz. So wie *jin* – die Nacht – und *jang* – der Tag – einander abwechseln, so steigen auch Dynastien und Herrscher auf und versinken wieder in der Dunkelheit wie die Sonne. Nach Ansicht der Chinesen erhält der Herrscher sein Mandat vom Himmel, doch nicht alle Herrscher besitzen ausreichende Fähigkeiten. Früher oder später enttäuschen sie das Vertrauen des Himmels und regieren nicht mehr gerecht. Die Folge ist Chaos, woraufhin der Himmel dem Regenten sein Mandat entzieht und es einer neuen Dynastie gibt.

Matthew Hayward, der durch Arroganz verursachte Katastrophen untersucht hat, plädiert für eine gezügelte Selbstsicherheit. Um erfolgreich selbstbewusst bleiben zu können, muss man fähig sein, falsche Quellen der Sicherheit zu Hause und am Arbeitsplatz unter Kontrolle zu halten. Nur so – durch den regelmäßigen Blick in den Spiegel – ist Überheblichkeit zu vermeiden.

David Marcum und Steven Smith, die Autoren eines Buches über Egomanen, fanden vier Warnzeichen, die erkennen lassen, dass das Ego eher zur Bedrohung als zur Stärke wird.

Das erste Zeichen sind ständige Vergleiche. Wir sind darauf fixiert, besser sein zu wollen als ein anderer, und verwenden zu viel Zeit darauf. Der Vergleich macht Kollegen zu Konkurrenten, und Konkurrenten sind natürlich keine guten Kooperationspartner.

Das zweite Merkmal ist übertriebene Verteidigungsbereitschaft. Da niemand über alles umfassend informiert sein kann, entstehen die besten Entscheidungen durch Debatten und Zusammenarbeit. Oft verfechten wir jedoch eine Position, als müssten wir nicht eine Idee, sondern uns selbst verteidigen. Im schlimmsten Fall nehmen wir kein Feedback an und weigern uns, um Entschuldigung zu bitten: Das Gespräch wird unecht und oberflächlich.

Ein drittes sicheres Anzeichen für ein anschwellendes Ego ist das Herausstreichen der eigenen Vortrefflichkeit. Man braucht Begabung nicht zu verbergen, aber ihre übermäßige Hervorhebung verschlingt Energie, die für Wichtigeres gebraucht würde. Je fester jemand davon überzeugt ist, dass die anderen seine Genialität bewundern, desto weniger hören sie ihm zu, auch wenn seine Idee womöglich die allerbeste ist.

Das vierte und letzte Signal ist die Suche nach Anerkennung. Kollektiver Applaus führt nicht zu guten Entscheidungen. Für Führungsrollen eignen sich diejenigen am besten, die keine hohe Position brauchen, um sich selbst zu respektieren. Wenn wir übergroßen Wert auf den Beifall unserer Mitmenschen legen, können wir nicht ehrlich zu uns selbst sein.

Der Organisationsforscher Jim Collins hat untersucht, warum manche Unternehmen an die Spitze gelangen und andere nicht. Er analysierte Hunderte von Firmen und stellte fest, dass zwei Drittel der Unternehmen, deren Wachstum ausblieb, über das gargantueske Ego ihrer Führungskräfte stolperten – es förderte die Mediokrität innerhalb der Organisation. Unternehmen wiederum, die nach einer Zeit der Größe schrumpften, hatten sich zu lange von ihrem Erfolg bezaubern lassen.

Wenn ein Unternehmen verkündet, es sei ausgezeichnet, weil es bestimmte Dinge tue, ist noch alles in Ordnung. Wenn die Rhetorik pompöser wird, stehen Probleme bevor. In der Gefahrenzone befindet man sich, wenn man den Erfolg darauf zurückführt, dass man erfolgreich handelt. Nach Collins' Ansicht spielen Glück und Zufall häufig eine wichtige Rolle für den Erfolg, und diejenigen, die die Bedeutung des Zufalls nicht anerkennen, sondern ihre eigenen Leistungen überschätzen, sind in Gefahr. Ein solches Unternehmen will häufig nur wachsen und immer mehr erreichen – das ist

«Erfolg». Unternehmen dieser Art begeben sich in der Regel in Branchen, die sie nicht kennen, oder wachsen zu schnell. Man findet nicht die richtigen Personen für Schlüsselpositionen, und der Zusammenbruch beginnt. Wenn dann die Ergebnisse schlecht ausfallen, weigern sich die Unternehmen, die wahren Gründe zu erkennen. Es handelt sich angeblich nur um vorübergehende oder zyklische Probleme; die Führungskräfte schieben die Schuld auf externe Faktoren.

Wie viele von uns denken daran, dankbar zu sein, wenn sie etwas erreichen, insbesondere, wenn Glück zu ihrem Erfolg beigetragen hat?

Der Klassiker *Tao Te King* des Chinesen Laotse beschreibt einen Weisen als einen Menschen, der alle Tugenden des Wassers besitzt. Er zeigt sich nicht, deshalb sieht man ihn überall. Er definiert sich nicht, deshalb hebt er sich von den anderen ab. Er protzt nicht mit dem, was er vorhat, deshalb gelingt es ihm. Er prahlt nicht mit seinem Werk, deshalb hat es Bestand. Er wetteifert nicht, deshalb kann niemand unter dem Himmel mit ihm in Wettstreit treten.

ERFOLG BERUHT AUF HUMANISMUS

Auf dem heutigen internationalen Markt zeichnet ein erfolgreicher Geschäftsmann sich nicht nur durch mathematische Fähigkeiten und geschäftliches Geschick aus, sondern auch durch Sprachkenntnisse, durch seine Vertrautheit mit den Traditionen und der Geschichte sowie durch die Fähigkeit, sich in die Lage eines anderen Menschen zu versetzen. Er ist das, was in der Zeit der Renaissance als Humanist bezeichnet wurde. Würde Leonardo da Vinci heute leben, bekäme er wohl keinen Posten als Lehrkraft an einer technischen Hochschule. Leonardo verstand sich nämlich als Humanist.

Der Begriff Humanismus entstand in der italienischen Renaissance als zusammenfassende Bezeichnung für die Fragen, auf die der Mensch Antworten finden konnte. *Virtu*, Begabung, stand im Humanismus der Renaissance für Vielseitigkeit. Damals schätzte man es, dass ein Mensch viele Disziplinen beherrschte und für neue Ideen offen war. Nach Ansicht der Humanisten musste man möglichst große Taten vollbringen, um wirklich Lob zu verdienen. Dies war das Ideal eines aktiven Lebens, als Gegenpol zum mittelalterlichen Ideal des geistigen Lebens, das den Schwerpunkt auf den Rückzug ins Kloster legte.

Das Bankiersgeschlecht Medici wurde im 15. Jahrhundert in Florenz zur reichsten Familie Europas. Giovanni di Bicci de' Medici galt allgemein als aufrichtiger, verständnisvoller und humaner Mann. Er ließ sich nicht manipulieren. Indem er die Päpste unterstützte, schuf er das Fundament für die Macht der Medici. Sein Sohn Cosimo de' Medici hielt die klassische Bildung und das Bestreben des Menschen, die Welt zu verstehen, in Ehren. Mit anderen Worten: Er war ein Humanist.

Cosimo war insofern ein ungewöhnlicher Regent, als er keinen persönlichen Ruhm anstrebte. Er wollte nicht im Mittelpunkt stehen, ermöglichte aber begabten Humanisten den Aufstieg in wichtige Positionen in Florenz. Die einfachen Leute mochten ihn und vertrauten ihm. Natürlich hatte er auch Feinde. Der einflussreiche, aber impulsive und selbstgefällige Rinaldo di Messer Maso Albizzi bewegte den Rat der Stadt dazu, die Medicis aus Florenz zu verbannen. Die Regierung der Albizzi erwies sich jedoch bald als miserabel, und ohne die finanzielle Unterstützung durch die Medici geriet der Haushalt der Stadt in Verfall. Die Medici wurden zurückgerufen und die Albizzi verbannt. Damit begann für Florenz eine Blütezeit. Um in den Stadtstaaten Italiens die Macht zu behalten, brauchte man eine Söldnerarmee. Doch Florenz war ein Fall für sich. Cosimo wirkte als graue Eminenz im Hintergrund. Um neidische Verleumdungen zu vermeiden, zahlte er mehr Steuern als jeder andere. Er wollte keine übermäßige Kontrolle und führte auch keine großen, belastenden Verwaltungsreformen durch, wachte aber penibel über den städtischen Haushalt. Er vermied pompöse Auftritte und gab ehrgeizigen Rednern Gelegenheit, ihren Narzissmus zu befriedigen. Hinter den Kulissen schleuste er jedoch Männer in die Verwaltung ein, die gegenüber der Familie Medici loyal waren.

Den normalen Bürgern gefiel es, dass Cosimo erstmals in der florentinischen Geschichte begabte Menschen unabhängig von ihrem sozialen Status in hohe Ämter ernannte. Er engagierte griechische Gelehrte und gründete in Florenz eine Akademie nach dem Vorbild Platos. Für die Bibliothek von Florenz beschaffte er neues Material aus Europa und dem Nahen Osten und ging dabei so zügig vor, dass die Bibliothek bald eine der wertvollsten der Welt war. Wie sein Vater investierte er gewaltige Summen in öffentliche Bauten und Skulpturen; das bedeutendste Projekt war der prachtvolle Dom.

Cosimo, sein Sohn Piero und dessen Sohn Lorenzo begegneten Künstlern mit Hochachtung, und diese wurde erwidert. Donatello wollte neben Cosimo beerdigt werden. Botticelli verewigte Lorenzo in der Menschenschar auf einem seiner Gemälde.

Lorenzo de' Medici war außerordentlich beliebt. Er schrieb, studierte Plato, spielte die Lyra und zeichnete architektonische Skizzen. Michelangelo und Leonardo da Vinci wurden von ihm gefördert. Er erweiterte die Bibliothek von Florenz und bewilligte der Universität zusätzliche Mittel. Auf seinem Totenbett sagte Lorenzo zu Pico della Mirandola, er bedauere es, dass der Tod ihn daran hindere, Mirandola bei der Ergänzung der Bibliotheksbestände zu helfen.

Diese wissenschaftliche und intellektuelle Agilität weckte so große Bewunderung, dass für die Vielfältigkeit des kulturellen Lebens in Florenz später der Begriff *rinascimento* geprägt wurde, worunter man die Wiedergeburt des menschlichen Geistes verstand, die Renaissance.

Die Stärke der Medici war ihr Einfühlungsvermögen. Sie verstanden es, Menschen zur Kreativität zu ermutigen und sie dafür zu belohnen. Das führte zur Renaissance. Auch den Kern jeder erfolgreichen Geschäftstätigkeit bildet die Fähigkeit, sich in die Position des Gegenübers zu versetzen. Wenn man der intellektuellen und kreativen Tätigkeit ausreichende Ressourcen zur Verfügung stellt, sind die positiven wirtschaftlichen Folgen unter Umständen noch nach Jahrhunderten zu erkennen – wie jeder weiß, der in den Touristenschlangen vor den Sehenswürdigkeiten von Florenz geschwitzt hat. Die Duldung von Anderssein und von abweichenden Meinungen erzeugt in der Regel interessante Aktivitäten und eine effektive Ökonomie. Viele große Erfindungen sind aus der fruchtbaren Reibung verschiedener wissenschaftlicher Disziplinen hervorgegangen.

ERFOLG IST TOLERANZ

Nach Ansicht von Erwin Schrödinger trugen drei Faktoren dazu bei, dass das wissenschaftliche Denken in Ionien seinen Anfang nahm. Erstens war das Gebiet kein Teil eines großen Staates, der in der Regel mit anderen großen Staaten verfeindet ist. Zweitens verband sich mit dem Handel auch ein Austausch von Ideen, die im Allgemeinen praktische Pro bleme betrafen: Navigation, Mobilität, Technologie. Drittens stellte der Klerus keine Bürde dar. Anders als in Babylonien und Ägypten gab es in Ionien keine privilegierte Priesterklasse, die sich nur für die Bewahrung ihrer Machtstellung interessierte. In Griechenland bot Weisheit einen Anlass zur Freude und zum Wetteifern, und man übte auch Selbstkritik.

Die Zeit der Song-Dynastie war eine der blühendsten Epochen in der langen Geschichte Chinas. Die friedlichen Zustände steigerten die Nahrungsmittelproduktion, und die Bevölkerung wuchs. In dieser Zeit kam es zu zahlreichen wichtigen Erfindungen, wie Buchdruck und Papiergeld. Die gedruckten Bücher stießen auf Interesse, und ein großer Teil der Bevölkerung konnte lesen. Der private Handel brachte Wohlstand für alle. Im Jahr 1200 war Hangzhou wahrscheinlich die größte Stadt der Welt. Mit zwei Millionen Einwohnern war sie vierzigmal so groß wie das damalige London.

Das Wachstum wurde durch die tolerante Einstellung der Dynastie zum Handel mit Ausländern beschleunigt. Persische und arabische Händler erhielten sogar Steuerermäßigungen, damit mehr Handel getrieben wurde. Man erlaubte ihnen auch, sich in China niederzulassen. Die Chinesen meinten, sofern die Ausländer sich die chinesischen Sitten aneigneten, gebe es keine Probleme. Die Song-Dynastie ging erst unter, als Dschingis Khan China angriff.

Im 8. Jahrhundert war das Arabische die Sprache des Handels und der Macht. Die Araber beherrschten den Gewürz- und Seidenhandel von Gibraltar bis nach Sri Lanka. Aus Afrika holten sie Gold und Elfenbein, aus dem Norden Pelze. Damaskus und Bagdad waren die Zentren der fortschrittlichsten Mathematik, Literatur, Kunst und Astronomie.

Um mit den Arabern Handel zu treiben, reisten Juden bis nach China, und in der Stadt Kochi an der Küste Indiens gibt es heute noch ein jüdisches Viertel, in dem sich eine Gewürzbörse befindet.

Die Nestorianer, eine christliche Sekte, wurden als Ketzer aus Byzanz vertrieben. Sie ließen sich in Bagdad nieder, wo sie von den Muslimen freundlich aufgenommen wurden, weil sie als gelehrtes Volk galten. Die Nestorianer brachten die griechische und römische Wissenschaft und Medizin mit sich, die Werke von Aristoteles und Galenos. Bagdad entwickelte sich zu einem Zentrum der Gelehrsamkeit und des Handels. Aus allen Teilen des Reichs der Abbasiden kamen Gelehrte nach Bagdad, um sich neues Wissen anzueignen. Im 11. Jahrhundert war Bagdad mit fast einer Million Einwohner eine der größten Städte der Welt.

Die arabische Kultur florierte, weil die Araber damals tolerant waren und Gelehrsamkeit schätzten. Im Vergleich zu den Arabern waren die Christen sogar gegenüber ihren eigenen Glaubensbrüdern intolerant.

Während in den anderen Stadtstaaten Italiens Intrigen gesponnen, Bürger ins Exil getrieben und Mordanschläge verübt wurden, hielt sich Venedig mehr als fünf Jahrhunderte lang aus allen Schwierigkeiten heraus. Für staatliche Ämter wurden fähige und gebildete Männer ausgewählt. Sie durften die Ernennung nicht ablehnen und auch nicht selbst aus dem Dienst scheiden. Die Beamten zirkulierten ständig, so dass jeder in der Verwaltung die Tätigkeit aller Abteilungen kannte. Venedig war ein Zentrum des Handels und ein verhältnismäßig toleranter Staat. Griechisch-Orthodoxe, Protestanten, Armenier, Albaner und Juden durften ihre Religion und ihre Bräuche frei praktizieren. Die Ehrlichkeit des Handels wurde überwacht, Gewichte und Maße wurden ständig kontrolliert. Auch gegen unredliche Werbung und schlechte Qualität ging man vor. All das machte Venedig gewissermaßen zu einem Singapur des 16. Jahrhunderts, zu einem internationalen, reichen Inselstaat.

Der Aufstieg der Niederlande zur Wirtschaftsmacht im 17. Jahrhundert war teils eine Folge der liberalen und unternehmerfreundlichen Atmosphäre. Während im restlichen Europa Glaubenskriege und Hexenverfolgung herrschten, war die Handelsstadt Amsterdam eine Welt für sich. Die niederländischen Universitäten, wie zum Beispiel Leyden, hatten ein hohes Niveau. Die Verlagstätigkeit war rege, und viele Niederländer konnten lesen und schreiben. Im übrigen Europa bildeten Analphabeten die Mehrheit. Die niederländische Handelsflotte war dreimal so groß wie die Flotten aller anderen europäischen Länder insgesamt.

Unter den Mogulherrschern in Indien erwies sich Akbar als tolerant. Er befreite die Hindus von der Steuer, die Ungläubige dem Koran zufolge entrichten mussten. Akbar übernahm Traditionen der Hindus, ließ sich die Haare nach Hindu-Art lang wachsen und trug einen rajputischen Turban. Akbar war als Sohn eines sunnitischen Vaters und einer schiitischen Mutter im Land der Sufiten in Hindustan zur Welt gekommen. Sein Interesse galt der Bildung und den Büchern. Er vertraute seinen aufgeklärten und toleranten Lehrern und Ratgebern und versuchte auch seine Kinder zu guten Herrschern zu erziehen. In einem Brief riet er seinem Sohn Murat: «Lasse religiöse Differenzen nicht auf die Politik einwirken, sei nicht gewalttätig in der Rache, bilde einen vertrauenswürdigen Rat aus Männern, die ihre Arbeit verstehen, akzeptiere Entschuldigungen, wenn sie ausgesprochen werden.» Indem er Vertrauen zeigte und Aufgaben delegierte, Gegner zu Verbündeten statt zu schwachen Feinden machte, gelang es Akbar, sein Reich friedlich und solide zu halten. Aus gutem Grund gilt er als der größte Mogulherrscher.

Alle oben erwähnten Kulturen hatten ihre Blütezeit, der jedoch Engstirnigkeit oder wirtschaftliche Skrupellosigkeit ein Ende setzte. Je länger eine Gemeinschaft, Organisation oder Kultur ohne Gewaltmonopol eine führende Stellung innehatte, desto toleranter war sie in aller Regel. Raum für Meinungen, Kritik, Minderheiten und neue Ideen zu lassen garantiert Vitalität und letztlich die von allen Politikern her-aufbeschworene Wettbewerbsfähigkeit.

Der Überlieferung nach unterhielt sich der griechische Philosoph Cineas mit König Pyrrhos über Kriege und Kämpfe. Cineas fragte, wie der König das Ergebnis des Kampfes nutzen wolle, falls er die Römer besiege. Pyrrhos antwortete, indem er die Größe, die Reichtümer und die Bedeutung Italiens schildere. Cineas fragte ihn nach seinen weiteren Plänen. Pyrrhos antwortete, anschließend könne er Sizilien erobern und sich die Reichtümer und Menschen der Insel untertan machen. Diese Siege würden es ihm ermög-lichen, Karthago und Nordafrika zu erobern. Als Cineas fragte, was der König danach tun würde, lächelte Pyrrhos und sagte: «Dann leben wir in Frieden und genießen jeden Tag einen guten Trunk und entzücken unsere Herzen mit ver-trauensvollen Gesprächen.» Der Philosoph erwiderte, das alles habe Pyrrhos bereits erlangt, und nichts hindere ihn da-ran, es schon jetzt zu genießen, statt erneut Blut zu vergießen.

ERFOLG IST
WUERDIGUNG VON WISSEN

Als auf einer internationalen Konferenz die hervorragenden Ergebnisse der finnischen Grundschulen bei der PISA-Un-tersuchung vorgestellt wurden, brachte ein in Rom leben-der italienischer Delegierter ein aufschlussreiches Gegen-argument vor: «Schön und gut, aber wer will in Finnland wohnen?»

Der Erfolg der finnischen Schulen irritiert die Italiener, die pro Kopf ein halbes Buch im Jahr lesen. Finnland wie-derum ist stolz auf seine PISA-Ergebnisse, die auf der guten

Ausbildung und hohen Motivation der finnischen Lehrer basieren. Im heutigen IT-Finnland vergisst man jedoch gern, dass auch der Erfolg der Unternehmen der neuen Technologie auf der gleichberechtigten und kostenlosen Ausbildung beruht. Dass Wissen gratis vermittelt werden kann, ist ein geldwerter Vorteil.

Die kostenlose Ausbildung gilt in Skandinavien als selbstverständlich, und Selbstverständliches wissen die wenigsten zu schätzen. Wer mit Hilfe der Ausbildung eine gutbezahlte Stelle findet, vergisst, welche persönlichen Vorteile er durch Steuergelder erreicht hat. Wir wissen funktionierende Lösungen erst zu schätzen, wenn sie fehlen. Wenn man die von ratternden Generatoren erzeugte Beleuchtung in den Entwicklungsländern erlebt hat, gewinnt man vielleicht vorübergehend den Sinn für Proportionen zurück – und erkennt den Wert der finnischen Elektrizitätsverteilung. Leider wird der Nutzen der kostenlosen Ausbildung erst nach Jahren sichtbar.

«Wenn eine nach Freiheit durstige Demokratie, denke ich, an ihre Spitze schlechte Mundschenke bekommt und über Gebühr mit dem stärksten Branntwein der Freiheit sich berauscht, so pflegt sie bekanntlich ihre Regierenden, wenn sie nicht ganz nachgiebig sind und im Übermaß die Freiheit verzapfen, als Verräter und Oligarchen zu beschuldigen und zu bestrafen. (…) Wenn etwa (…) ein Vater sich gewöhnt, einem Knaben ähnlich zu werden, und sich vor seinen Söhnen fürchtet, wenn dagegen ein Sohn den Vater spielt und weder Scham noch Furcht vor seinen Eltern hat, damit er nämlich frei sei (…). Der Lehrer fürchtet seine Schüler und schmeichelt ihnen, die Schüler haben keine Achtung vor den Lehrern und so auch vor ihren Erziehern. Und überhaupt spielen die jungen Leute die Rolle der Alten und wetteifern mit ihnen in Wort und Tat, während die Alten sich in die Gesellschaft der jungen Burschen herbeilassen, dabei von Witzeleien und Späßen überfließen, ähnlich den Jungen, damit sie nur ja nicht als griesgrämig, nicht als herrisch erscheinen.»

Diese Worte klingen sehr aktuell. Sie wurden vor mehr als 2500 Jahren von Platon geschrieben. Was würde Platon wohl vom skandinavischen Schulleben halten, in dem die Schüler und ihre Eltern sich ihrer Rechte bewusst sind und keine Gelegenheit versäumen, ihre Kritik und Unzufriedenheit zum Ausdruck zu bringen?

Ich möchte wahrlich nicht in der Haut des Beamten stecken, der den vom Schulerfolg Finnlands überwältigten ausländischen Delegationen errötend berichten muss, dass die Lehrer für ihre gute Leistung mit der Vergrößerung der Schulklassen, dem Verzicht auf Gehaltserhöhung und dem anhaltenden Genörgel der Medien über die langen Sommerferien belohnt werden.

Selbst rücksichtslosen Herrschern gelang es, an der Macht zu bleiben, weil sie daran interessiert waren, Neues zu lernen. Dschingis Khan war ein gnadenloser Mörder, stand aber sein Leben lang loyal zu denjenigen, die ihm geholfen hatten. Er ernannte seine Unterstützer zu Generälen und sorgte für seine Offiziere. Die Treue seiner Truppen war ihm gewiss.

Dschingis Khan vergaß keinen erwiesenen Dienst. Tapfere und Treue belohnte er ohne Ansehen ihrer gesellschaftlichen Stellung oder Klasse. Er war fähig, zu delegieren und seine Macht zu teilen. Er ließ sich von der Macht nicht verblenden, sondern führte ein hartes Nomadenleben ohne Luxus. In seiner Regierungszeit wurden Hirten zu Generälen und Gegner zu Beamten gemacht. Dschingis Khan war kein Rassist. Nicht-Mongolen wurden ebenso belohnt wie Mongolen. In seinen Diensten standen Perser, Koreaner, Georgier, Iraker, Chinesen, Inder und sogar Europäer. Begabung schätzte er vorurteilslos.

Timur Lenk, der analphabetische Schlächter, war kein angenehmer Zeitgenosse, doch er schätzte Belesene und Gelehrte. Die Städte, die er eroberte, schonte er nicht, aber Schriftsteller, Künstler, Handwerker, Architekten und Gelehrte ließ er unbehelligt. In die Hauptstadt Samarkand kamen Gelehrte aus ganz Asien. Der berühmte arabische Reisende Ibn Khaldun hatte Respekt vor Timur Lenks Wissensdurst. Er begegnete Timur zur Zeit der Belagerung von Damaskus im Jahr 1401. Khaldun zufolge war Timur sehr intelligent und wollte sowohl über Themen diskutieren, über die er etwas wusste, als auch über solche, die ihm noch unbekannt waren.

Timur Lenk gab sich den bescheidenen Titel *Amir*. Auf diese Weise wollte er die Traditionen der Steppenvölker ehren. Er führte alle Kriegszüge persönlich an und setzte sich denselben Unannehmlichkeiten aus wie seine Soldaten.

Karl der Große achtete Gelehrte und wusste sie zu nutzen. Er war neugierig und legte Wert darauf, an einer Vielzahl von religiösen und gelehrten Gesprächen teilzunehmen. Eine besonders enge Beziehung verband ihn mit seinem Lehrer Alcuin. Dieser war ein großer Mann, der entschiedene Auffassungen vertrat. Alcuin kroch nicht vor dem Kaiser, und dieser verließ sich auf seine ungeschminkten Ratschläge.

Natürlich hat es bessere und humanere Herrscher gegeben als Karl den Großen, Dschingis Khan oder Timur Lenk, aber eine Gemeinsamkeit dieser drei Herrscher war ein gewisses Maß an Demut. Sie hörten anderen zu. Einer japanischen Redewendung zufolge kann man nichts lernen, wenn man spricht. Zuhören erhöht neben der Allgemeinbildung auch die Zahl der Freunde. In Führungspositionen halten sich längerfristig nur Menschen, die zuhören können – oder zumindest so tun als ob. Sie wenden sich dem Sprecher zu, spitzen die Ohren und blicken empathisch. Sie haben

Charisma, weil sie dem Sprecher das Gefühl geben, wichtig zu sein.

In den Handbüchern des Geschäftslebens gilt das Zuhören seit je als Geheimwaffe. Ein guter Unterhändler ist geduldig. So langweilig, unstrukturiert oder gar dumm die Äußerungen seines Gegenübers auch sein mögen, er versteht es, seine empathische Miene beizubehalten. Das Geheimnis wirklich erfolgreicher Personen liegt darin, dass sie die Gesellschaft von Menschen unterschiedlichster Art genießen und von ihnen lernen wollen. Es ist schwieriger, Fragen zu stellen als Antworten abzulehnen. Doch gerade darin liegt der Unterschied zwischen einem innovativen und einem überheblichen Menschen.

Nach Ansicht des englischen Philosophen Francis Bacon setzt die Befreiung von Vorurteilen voraus, dass man weiß, was Vorurteile sind. Bacon führt sie auf Wunschdenken, auf die Umwelt, die Macht des Wortes und blinde Autoritätsgläubigkeit zurück. Wenn wir alle vorgefassten Meinungen aus unserem Bewusstsein tilgen, sind wir fähig, echtes Wissen aufzunehmen, das die Natur selbst uns vermitteln kann.

Unkenntnis der eigenen Grenzen und ein verzerrtes Bild von der eigenen Vortrefflichkeit erzeugen Selbstgefälligkeit. Im antiken Rom stand hinter dem bejubelten Helden der Siegesparade ein Sklave, der die Aufgabe hatte, ihm ins Ohr zu flüstern: «Bedenke, dass wir alle sterblich sind.»

Weisheit ist die Anerkennung der eigenen Unvollkommenheit und die Bereitschaft, alles einer kritischen Betrachtung zu unterziehen – auch die eigenen Auffassungen. Das bedeutet freilich nicht, dass wir uns von anderen herabsetzen lassen sollten. Als ein Bekannter der Journalistin Margaret Mitchell erfuhr, dass sie ein Buch für die Schublade verfasst hatte, brach er in Gelächter aus und erklärte, das sei das Dümmste, was er je gehört habe. Das war der Tropfen, der das Fass zum Überlaufen brachte. Mitchell holte das Manuskript aus der Schublade und schickte es an einen Verlag. Von ihrem Buch *Vom Winde verweht* wurden seither mehr als dreißig Millionen Exemplare verkauft. Mitchell hatte Erfolg, weil sie auf das höhnische Gelächter auf die bestmögliche Art reagierte: indem sie an sich glaubte. Allerdings wäre die Welt ein besserer Ort, wenn wir lernen würden, mehr über uns selbst und weniger über andere zu lachen.

Der antike Philosoph Ariston von Chios schrieb schon vor mehr als 2200 Jahren, man könne sich von Überheblichkeit heilen, indem man sich unerwartete Glücksfälle in Erinnerung rufe. Da das Glück wechselt, müssen wir lernen, demütig zu sein, wenn wir Grund zum Stolz haben, und uns Mut zu machen, wenn wir uns auf schwachem Boden befinden. Eine hochrangige Persönlichkeit, die andere Menschen als gleichwertig betrachtet und sich ungezwungen verhält, wirkt weitaus größer. Größe beruht nämlich darauf, dass man sich eindeutig, menschlich und empathisch verhält.

LITERATURLISTE

Gordon W. Allport (1971): *Die Natur des Vorurteils*. Kiepenheuer & Witsch, Köln.

Karsten Alnaes (2003): *Oppvåkning. Historien om Europa*. Oslo.

Michael Argyle (1994): *The Psychology of Interpersonal Behaviour*. Penguin, London.

Aristoteles (2006): *Nikomachische Ethik*. Aus dem Griechischen von Ursula Wolf. Rowohlt, Reinbek.

David Attenborough (2002): *Life on Air*. BBC, London.

Sverre Bagge (1984): *Højmiddelalderen*. Kopenhagen.

Jacques Barzun (2000): *From Dawn to Decadence. 1500 to the Present 500 years of Western Cultural Life*. HarperCollins, London.

William Bernstein (2008): *A Splendid Exchange. How Trade Shaped the World*. Atlantic Books, London.

Bill Bryson (1990): *Mother Tongue. The English Language*. Penguin, London.

D. M. Buss (1997): *Die Evolution des Begehrens. Geheimnisse der Partnerwahl*. Goldmann, München.

Jonathan Clements (2005): *The Vikings*. Robinson, London.

Jonathan Clements (2007): *The First Emperor of China*. Sutton, Gloucestershire.

Jim Collins (2009): *How the Mighty Fall. And Why Some Companies Never Give in*. HarperCollins, New York.

Richard Conniff (2003): *Magnaten und Primaten. Über das Imponiergehabe der Reichen*. Blessing, München.

M. Daly und M. Wilson (1983): *Homicide*. Aldine de Gryeter, New York.

Jared Diamond (2014): *Kollaps. Warum Gesellschaften überleben oder untergehen*. Fischer, Frankfurt a. M.

Mircea Eliade (2007): *Kosmos und Geschichte. Der Mythos der ewigen Wiederkehr*. Verlag der Weltreligionen, Frankfurt a. M.

Abraham Eraly (2004): *Gem in the Lotus. The Seeding of Indian Civilisation*. Phoenix, London.

Joe Eszterhas (2004): *Hollywood Animal*. Aus dem Englischen von Hans Freundl. Random House, München.

Anthony Everitt (2006): *The First Emperor. Caesar Augustus and the Triumph of Rome*. John Murray, London.

Ian Fleming (1964): *Thrilling Cities*. Cape, London.

Egon Friedell (1989): *Kulturgeschichte der Neuzeit I. Einleitung, Renaissance, Reformation*. C. H. Beck, München.

Egon Friedell (1989): *Kulturgeschichte der Neuzeit II–III*. C. H. Beck, München.

Hartvig Frisch (1928): *Europas kulturhistorie*. Koppel, Kopenhagen.

Bamber Gascoigne (1973): *Die Großmoguln. Glanz und Größe mohammedanischer Fürsten in Indien*. Callwey, München.

Bamber Gascoigne (1974): *Das kaiserliche China und seine Kunstschätze*. Molden, Wien.

Azar Gat (2008): *War in Human Civilization*. Oxford University Press, Oxford.

Henry Louis jr. Gates (1986): *Race, Writing and Difference*. The Chicago University Press, Chicago.

Harry G. Gelber (2007): *The Dragon and the Foreign Devils. China and the World, 1100 BC to the Present*. Bloomsbury, London.

T. R. Gerholm und S. Magnusson (1983): *Ajatus, aate ja yhteiskunta*. WSOY, Helsinki.

Marc Gerstein und Michael Ellsberg (2008): *Flirting with Disaster*. Union Square Press, New York.

Clarence Glacken (1976): *Traces on the Rhodian Shore. Nature and Culture in Western Thought from Ancient Times to the End of the Eighteenth Century*. University of California Press, Los Angeles.

Jonathan Glover (1999): *Humanity. A Moral History of the Twentieth Century*. Pimlico, London.

Laurence Gonzales (2003): *Deep Survival. Who Lives, Who Dies, and Why. True Stories of Miraculous Endurance and Sudden Death*. W. W. Norton & Company, New York und London.

Johan Goudsblom (2000): *Die Entdeckung des Feuers*. Insel Verlag, Frankfurt a. M. und Leipzig.

Kalle Haatanen (2005): *Pitkäveteisyyden filosofiaa*. Atena, Jyväskylä.

Matthew Hayward (2007): *Ego Check. Why Executive Hybris is Wrecking Companies and Careers and How to Avoid the Trap*. Kaplan, Chicago.

Chip Heath und Dan Heath (2008): *Was bleibt. Wie die richtige Story Ihre Werbung unwiderstehlich macht*. Aus dem Englischen von Heike Schlatterer. Hanser, München.

Peter Heather (2007): *Der Untergang des Römischen Weltreichs*. Aus dem Englischen von Klaus Kochmann. Klett-Cotta, Stuttgart.

Judith Herrin (2013): *Byzanz. Die erstaunliche Geschichte eines mittelalterlichen Imperiums*. Aus dem Englischen von Karin Schuler. Reclam, Stuttgart.

Christopher Hibbert (1974): *The Rise and Fall of the House of Medici*. Penguin, London.

Geoffrey Hindley (2008): *A Brief History of the Magna Charta. The Story of the Origins of Liberty*. Constable & Robinson, London.

Robert Hughes (1992): *Barcelona. Stadt der Wunder*. Aus dem Englischen von Enrico Heinemann. Kindler, München.

Paul Johnson (2003): *Napoleon*. Phoenix, London.

Tobias Jones (2004): *Italien – das dunkle Herz des Südens. Eine kritische Liebeserklärung*. Aus dem Englischen von Christian Kenner-knecht. Kindler, Berlin.

John Keay (2001): *India. A History*. HarperCollins, London.

Hannele Klemettilä (2008): *Keskiajan julmuus*. Atena, Jyväskylä.

John Krakauer (2003): *In eisige Höhen. Das Drama am Mount Everest*. Aus dem Englischen von Stephan Steeger. Piper, München.

Joris Lammers, Adam D. Galinsky u. a. (2010): «Illegitimacy Moderates the Effects of Power on Approach», in: *Psychological Science*, Band 19, Heft 6, S. 558–564.

David Landes (2006): *Die Macht der Familie. Wirtschaftsdynastien in der Weltgeschichte*. Aus dem Englischen von Karl Heinz Silber. Siedler, München.

Niccolò Machiavelli (2014): *Der Fürst*. Aus dem Italienischen von Philipp Rippel. Reclam, Stuttgart.

John Man (2004): *Genghis Khan. Life, Death and Resurrection*. Bantam, London.

John Man (2005): *Attila the Hun. A Barbarian King and the Fall of Rome*. Bantam, London.

David Marcum und Steven Smith (2009): *Egonomics. What makes ego our greatest asset (or most expensive liability)*. Pocket Books, London.

Justin Marozzi (2004): *Tamerlane. Sword of Islam, Conqueror of the World*. Harper Perennial, London.

Larry McDonald und Patrick Robinson (2010): *Dead Bank Walking. Wie Lehman Brothers zusammenbrach*. Aus dem Englischen von Friedrich Griese. Hoffmann & Campe, Hamburg.

Bethany McLean und Peter Elkind (2004): *The Smartest Guys in the Room*. Portfolio.

Marion Meade (2003): *Eleanor of Aquitane*. Phoenix, London.

Howard Means (2001): *Money & Power. The History of Business*. Wiley, New York.

C. Wright Mills (1962): *Die amerikanische Elite. Gesellschaft und Macht in den Vereinigten Staaten*. Aus dem Englischen von Hans Stern. Holsten Verlag, Hamburg.

Mitchell et al.: «Dissociable Medial Prefrontal Contributions to Judgements of Similar and Dissimilar Others». Veröffentlicht in: *Neuron*, Ausgabe 50, 18. Mai 2006, S. 655–663.

Geoff Mulgan (2007): *Good and Bad Power. The Ideals and Betrayals of Government*. Penguin, London.

Kitti Müller (2008): *Aivokutinaa*. Työterveyslaitos, Helsinki.

Pekka Nihtinen (2004): *Kiinalainen teekirja*. Memfis Books, Helsinki.

David Owen (2009): *In Sickness and in Power. Illness in heads of government during the last 100 years*. Methuen, London.

Jean-Pierre Panouillé (1999): *Carcassonne. Geschichte und Architektur*. Aus dem Französischen von Fabe. Editions Ouest-France, Rennes.

Pekka Peloton (2003): *Miten hävisivät Soneran miljardit*. Art House, Helsinki.

Platon (1955): *Der Staat*. Aus dem Griechischen von August Horneffer. Kröner, Stuttgart.

Juha-Antero Puistola und Janne Herrala (2006): *Terrorismi Euroopassa. Terrorismi äärimmäisenä poliittisen, taloudellisen ja kulttuurisen turhautumisen ilmentymänä*. Tammi, Helsinki.

Eila Rantonen (1994): «Länsimaisen estetiikan rasismi.» In: *Me ja muut*, herausgegeben von Marjo Kylmänen. Vastapaino, Tampere.

Geoffrey Regan (1998): *Narren, Nulpen, Niedermacher. Militärische Blindgänger und ihre größten Schlachten*. Aus dem Englischen von Michael Haupt. Zu Klampen, Lüneburg.

Ruth Reichl (2007): *Falscher Hase. Als Spionin bei den Spitzenköchen*. Aus dem Englischen von Theda Krohm-Linke. Limes, München.

Nigel Rogers und Mel Thompson (2007): *Philosophen wie wir. Große Denker menschlich betrachtet*. Aus dem Englischen von Yamin von Rauch. Rogner & Bernhard, Berlin.

Armas Salonen (1964): *Pyhä maa ja Assur: Mooseksen jälkeen*. WSOY, Helsinki.

Christopher Sandford (2007): *McCartney*. Arrow Books, London.

James Schefter (1999): *The Race. The Uncensored Story of How America Beat Russia to the Moon*. Doubleday, New York.

Richard Sennett (2008): *Handwerk*. Aus dem Englischen von Michael Bischoff. Berlin Verlag, Berlin.

Beppe Severgnini (2011): *Überleben mit Berlusconi*. Aus dem Italienischen von Bruno Genzler. Blessing, München.

John Simon (2009): *Kone's prince. The Colourful Life of Pekka Herlin*. Otava, Helsinki.

Richard Stengel (2004): *Handbuch für Schmeichler & Arschkriecher.* Aus dem Englischen von Karin Schuler. Piper, München.

James B. Stewart (2005): *Disney War.* Aus dem Englischen von Egbert Neumüller. Börsenmedien, Kulmbach.

Paul Strathern (2003): *The Medici. Godfathers of the Renaissance.* Pimlico, London.

Sun Zi (2011): *Die Kunst des Krieges.* Aus dem Chinesischen von Hannelore Eisenhofer. Nikol, Hamburg.

Robert I. Sutton (2006): *Der Arschloch-Faktor. Vom geschickten Umgang mit Aufschneidern, Intriganten und Despoten im Unternehmen.* Aus dem Englischen von Robert Pfeiffer. Hanser, München.

Paul Tabori (1993): *The Natural History of Stupidity.* Barnes & Noble, New York.

J. Tangley und K.W. Fischer (1995): *Self-conscious Emotions: The Psychology of Shame, Guilt, Embarrassment, and Pride.* Guilford, New York.

Steve Taylor (2009): *Der Fall. Vom goldenen Zeitalter über 6000 Jahre Niedergang zu einem neuen Bewusstsein.* Aus dem Englischen von Claudia Fritzsche. Sphinx, München.

Gillian Tett (2009): *Fool's Gold. How the Bold Dream of a Small Tribe at J. P. Morgan Was Corrupted by Wall Street Greed and Unleashed a Catastrophe.* Free Press, New York.

The Little Red Raiders Book (2007). Portico, London.

Third European survey on working conditions. http://eurofound.europa. eu/sites/default/files/ef_files/pubdocs/2001/21/en/1/ef0121en.pdf

Oliver Thomson (1995): *A History of Sin.* Barnes and Noble, New York.

Tzvetan Todorov (1985): *Die Eroberung Amerikas. Das Problem der Anderen.* Aus dem Französischen von Wilfried Böhringer. Suhrkamp, Frankfurt a. M.

Philippe Trétiack (2008): *Megalomania. Too Much is Never Enough.* Assouline, New York.

Voula Tsouna (2007): *The Ethics of Philodemos.* Oxford University Press, Oxford.

Yi-Fu Tuan (1974): *Topophilia. A Study of Environmental Perception, Attitudes, and Values.* Prentice Hall, New Jersey.

Barbara W. Tuchman (1984): *Die Torheit der Regierenden. Von Troja bis Vietnam.* Aus dem Englischen von Reinhard Kaiser. S. Fischer, Frankfurt a.M.

Ari Turunen (1997): *The Politics of Displaying Geo. The Spatial Order of Ecumenical World Maps.* Lisensiaatintutkielma. Lizenziatsarbeit, Universität Helsinki.

Wilbert van Vree (1999): *Meetings, Manners and Civilization. The Development of Modern Meeting Behaviour.* Leicester University Press, London.

Peter Watson (2006): *Ideen. Eine Kulturgeschichte von der Entdeckung des Feuers bis zur Moderne.* Aus dem Englischen von Yvonne Badel. Bertelsmann, München.

Derek Wilson (2006): *Charlemagne. Barbarian & Emperor.* Pimlico, London.

Robert Winston (2002): *The Human Instinct. How our Primeval Impulses Shape Our Modern Lives.* Bantam, London.

Jonathan Wright (2006): *Ambassadors. From Ancient Greece to the Nation State.* Harper Press, London.

Der Finne *Ari Turunen* arbeitete zwanzig Jahre lang als Wissenschaftsjournalist für verschiedene Medien. Er hält Vorträge über kulturgeschichtliche Themen an Hochschulen und im Rundfunk. Seine Bücher analysieren humorvoll die Kuriosa westlicher Kulturgeschichte, etwa den Aberglauben, das Benehmen, die Trinkgewohnheiten, das Lügen. Zuletzt veröffentlichte er ein Buch über die Geschichte der Eisbrecher.

Die Übersetzerin *Gabriele Schrey-Vasara* studierte u. a. Finno-Ugristik und lebt seit 1979 in Helsinki. Sie hat zahlreiche Kriminalromane, etwa von Leena Lehtolainen und Matti Rönkä, und Sachbücher aus dem Finnischen übersetzt. 2008 wurde sie mit dem finnischen staatlichen Übersetzerpreis geehrt.